L'ART

DE MULTIPLIER

LA SOIE,

OU

TRAITÉ SUR LES MURIERS Blancs, *l'éducation des Vers à soie & le Tirage des Soies.*

(α)

PAR MR. C. C.

IMPRIME' PAR ORDRE DE MESSIEURS Les Procureurs des Gens des Trois-Etats du Pays de Provence.

(α) Constance Casteler, negotiant a aix

A AIX,

Chez la Veuve de J. DAVID & ESPRIT DAVID, Imprimeurs du Roi & du Pays.

M DCC LX.

A MESSIEURS
LES PROCUREURS
DES GENS DES TROIS ETATS
DU PAYS DE PROVENCE.

MESSIEURS,

Si quelque ouvrage eſt en droit de paroître ſous vos auſpices, c'eſt ſans doute celui-ci : il eſt uniquement conſacré à l'utilité publique, principal objet de votre application. Adminiſtrateurs vigilans & deſintéreſſés, vous n'aimez, vous ne recherchez que le bonheur des peuples confiés à vos ſoins ; vous ne négligez rien de ce qui peut y contribuer. Il ne ſuffit pas à votre zele de

modérer sagement les dépenses publiques,
de prévenir les besoins des contrées pau-
vres, de procurer l'abondance dans des
tems difficiles, de ménager habilement
les intérêts de la Province; vous por-
tez la prévoyance jusques sur un avenir
éloigné, & pour préparer de nouvelles
ressources au peuple, vous favorisez
l'industrie, parce que vous sçavez que
d'elle naissent les richesses. La faire
fructifier dans une de ses principales
branches, est le but de mon Livre;
comment pourroit-il ne pas mériter votre
protection! J'ose le dire, Messieurs,
il est dicté par le même esprit qui vous
anime; c'est par là que vous l'avez jugé
digne de voir le jour; c'est par là que
j'espere que vous agréerez l'hommage que
je vous rends.

Je suis avec le plus profond respect,

MESSIEURS,

Votre très-humble & très-
obéissant serviteur C. C.

PREFACE.

EN vain pour animer le commerce in-térieur par l'industrie de la Soie, l'on a, dans plusieurs de nos Provinces, établi des Pépinieres publiques qui facilitent la plantation des Mûriers, si le Public n'est instruit sur les moyens de retirer de cet arbre les avantages qu'il doit en espérer. Il faut pour cela lui faire connoître les causes qui nuisent à la recolte des Vers à soie, lui donner des regles sûres pour les prévenir, ou pour y remédier, & pour avoir une production en Cocons abon-dante & certaine.

J'ai vû dès long tems des pays miséra-bles, où l'on avoit une quantité de Mû-riers assez considérable pour y répandre une industrie générale ; mais où l'on en prodiguoit la feuille au plus vil des ani-maux, parce qu'on ne sçavoit pas les moyens de la faire servir avec succès à la nourriture des Vers à soie, qui, disoit-on, indemnisoient à peine des soins qu'ils donnoient : tel est le découragement que produit l'ignorance stupide sur un objet si important !

Vivement persuadé que nous devons

A

tous contribuer au bien de la société dont nous sommes membres, j'ai recherché avec attention quelles pouvoient être chez nous les causes du peu de produit de cet Insecte admirable, qui donne tant de richesses à d'autres pays plus heureux ; les ayant enfin découvertes, je viens faire part à mes compatriotes des connoissances que mes observations assidues pendant plus de quinze ans, & des expériences sans nombre, m'ont acquises sur les Vers à soie, & sur tout ce qui a rapport à leur production.

Plan de cet ouvrage.

Je commencerai d'abord par prouver l'utilité des Mûriers, en répondant dans l'avant propos à des objections que j'ai souvent entendu faire : ensuite dans la premiere partie, je ferai connoître les différentes especes de Mûriers, & quelles sont celles dont la feuille est une meilleure nourriture aux Vers à soie ; quel terrein est le plus propre aux Mûriers ; comment on doit les planter, cultiver, tailler, &c.

Dans la seconde partie, j'enseigne les moyens d'avoir de bonne graine de Vers à soie, & de la renouveller quand elle commencera à dégénérer. Je donne un nouveau modele de corbillon, ou boëte pour faire éclorre cette graine avec succès.

Je traite des quatre dormilles ou mues naturelles au Ver à soie, & des maladies qui lui sont extraordinaires. Je prescris des regles pour connoître les unes & les autres, & pour les garantir des dernieres par différentes fumigations. On verra combien de fois il faut donner à manger à cet Insecte dans ses différens états, & de quelle espece de feuilles ; quand & comment il faut le rechanger ; les différens degrés de chaleur qu'il faut donner à l'appartement où ils sont, & les proportions des cabanes où ils doivent être placés.

La troisieme partie s'adresse uniquement aux personnes qui font de petits Tirages de soie. Il en est qui, dans le travail qu'elles font faire, n'ont d'autre regle qu'une routine aveugle & imparfaite. Celles qui pratiquent cet art sans le sçavoir suffisamment, apprendront ici à connoître & à éviter les fautes essentielles qu'elles y font.

Tel est le plan de l'ouvrage que je donne au Public. Si j'entre quelquefois dans certains détails, c'est parce qu'ils sont essentiels, & que je ne sçache pas que personne avant moi les ait approfondis. Je n'avance rien dont je ne me sois assuré par des expériences mille fois réitérées, jusqu'à ce que je n'ai pû douter de la vérité;

c'eſt de quoi l'on peut être perſuadé, & je me ſoumets en cela à la critique la plus ſévere.

J'ai donné à mon livre le meilleur arrangement qu'il m'a été poſſible pour l'abréger, afin d'en faciliter l'achat & la lecture. J'ai évité les répétitions, autant que je l'ai pû, dans un ouvrage qui en eſt extrêmement ſuſceptible, & où même elles ſont quelquefois néceſſaires. Je prie le lecteur de me pardonner celles qui s'y ſont gliſſées par inadvertence. Ce n'eſt pas ici un ouvrage de génie, ou de littérature, dont l'Auteur veut ſe faire un nom dans la République des Lettres; c'eſt celui d'un patriote zélé qui veut éclairer ſes concitoyens ſur un bien connu, mais trop négligé, faute de ſçavoir le mettre à profit. L'amour de la Patrie m'a mis ſeul la plume à la main; qu'importe de quelle façon mon livre ſoit écrit, pourvu qu'il ſoit utile!

AVANT-PROPOS.

DISSERTATION

*Sur l'utilité des plantations de Mû-
riers Blancs dans le Royaume.*

DE tous les Arbres que la nature nous pré-
sente, il en est peu qui meritent la préférence sur les Mûriers Blancs. Que les uns se
couvrent de verdure pour nous offrir un ombrage frais & agréable ; que les autres, pour
flatter la variété des goûts, se chargent abondamment, dans les différentes saisons, de fruits
de toute espece ; leurs agrémens, ou leurs utili-
tés frivoles, passent rapidement ; bientôt nous
n'en avons plus qu'un foible souvenir.

Il en est d'autres, qui, plus essentiellement
utiles, nous donnent un fruit facile à conserver & à transporter, ou dont l'homme
a trouvé l'art d'exprimer un suc devenu nécessaire par les différens usages qu'on en fait ;
mais la rareté & l'incertitude trop éprouvée de
leur recolte diminue de beaucoup leur merite :
deux heures d'une matinée nebuleuse & froide

suffisent pour nous ravir l'espoir qu'ils nous promettent.

Tel n'est pas le sort de nos Mûriers : leurs richesses sont leurs feuilles ; elles ne sçauroient nous manquer. Que des frimats leur nuisent dans leur naissance, le mal ne peut être considérable ni général, ce n'est tout au plus qu'un retardement de quelques jours. D'ailleurs le Mûrier seul réunit l'agrément de l'ombrage à une précieuse utilité : seul il passe successivement de l'agréable à l'utile & de l'utile à l'agréable : car quels sont les arbres, qui, dépouillés comme eux de tout ornement par la main de l'homme, se parent une seconde fois de feuilles ?

Quelque utile que soit le Mûrier blanc, puisque c'est uniquement dans ses feuilles que le Ver à soie trouve la nourriture qui lui est propre, & cette gomme précieuse dont il forme son fil ; cet arbre étoit pourtant inconnu dans le Royaume avant Charles IX. Ce fut sous son regne que des Seigneurs François en apporterent quelques uns de Sicile, & les planterent ; jusques alors on avoit crû le climat de la France trop froid pour qu'ils pussent y reussir en pleine terre. L'heureux succès de ces premieres épreuves dissipa le préjugé, bientôt les plantations de Mûriers Blancs commencerent à se multiplier.

Henri IV, qui raproché du commun des

hommes par fon éducation , & les diverfes cir-
conftances de fa fortune avant qu'il fût par-
venu au Trône , avoit appris à connoître &
aimer les vrais avantages de fes Sujets , fentit
l'utilité des Mûriers , & en ordonna la plantation dans tout le Royaume. Les feules Provinces du Dauphiné , du Languedoc & du
Vivarais , obéirent : quelles richeffes n'a pas
produit à l'Etat cette entreprife exécutée feulement dans cette petite partie de la France.

Dans la fuite , pour mieux conftater la con-
venance du climat aux Mûriers , on en fit
planter dans les environs de Paris , & à Plef-
fis-lès-Tours.

Il y en avoit aux Tuileries fous le minifte-
re de M. Colbert ; attentif aux progrès du
commerce & de l'induftrie , il voulut que
ces Mûriers ferviffent à élever des Vers à foie;
& pour cet effai , il fit venir une famille de
Provence , exprès à Paris. Dès lors ce grand
homme vit encore mieux l'importance d'en
ordonner une plantation générale ; l'exécution
en étoit arrêtée lorfque la mort l'enleva : avec
lui tomba ce projet avantageux , qui , bientôt nous donnant une quantité de foie fuffifante au Royaume , eût rendu la France in-
dépendante de fes voifins pour cette branche
effentielle du commerce , & arrêté l'expor-
tation des efpeces , inévitable tant que nous
ne recueillerons pas chez nous cette pré-

cieuse marchandise qui nous est devenue nécessaire.

Aujourd'hui que le goût de philosophie qui se répand généralement, rendant les esprits plus éclairés & plus attentifs aux spéculations physiques, nous rend aussi plus clair-voyants sur nos intérêts, on a tellement reconnu les avantages des plantations de Mûriers, qu'on en a fait dans le Maine, l'Anjou, la Touraine, le Poitou, le long de la Saône, & jusques aux portes de Dijon ; il y en a en Normandie ; on en voit à Metz : partout on plante avec succès.

Un autre preuve que le climat de la France est généralement propre aux Mûriers, même dans les Provinces septentrionales, c'est le succès des plantations que les Anglois ont faites en Angleterre & en Irlande, pays bien plus froids que la France : on a fait encore plus ; on a osé en planter sous le soixantieme dégré de latitude septentrionale, je veux dire à Petersbourg, dont on a tiré de la soie qui a été présentée à l'Imperatrice ; mais les coups de froid qu'éprouve souvent ce pays au milieu de l'été, empêcheront toujours les Mûriers d'y réussir en pleine terre ; ils ne peuvent gueres y être cultivés que par curiosité. Ce sont les Ananas d'Amérique dans les serres du Roi à Versailles.

L'heureuse réussite des plantations de Mûriers dans les Provinces du midi , du milieu & du nord du Royaume , doit donc nous engager à les multiplier : si le prix de vingt-deux ou vingt-quatre sols d'achat pour chaque plançon, ou même la difficulté d'en avoir, a pû dans un tems s'opposer à la bonne volonté que nous avions d'en planter , ces obstacles cessent aujourd'hui que plusieurs Provinces ont établi des Pépinieres qui donnent à leurs habitans abondamment de Mûriers à très-bas prix : telles sont le Languedoc, le Vivarais, la Provence, le Dauphiné, la Touraine , dont il est à souhaiter que les autres Provinces suivent l'exemple : esclaves du préjugé , le laisserons-nous prévaloir sur l'évidence des avantages que nous offrent les Mûriers ; & méconnoîtrons-nous le bien qu'on a voulu nous faire par l'établissement des Pépinieres? Nous avons le moyen de nous procurer un canal d'aisance par le produit de nos Mûriers ; pourrions-nous négliger d'en former des plantations? L'on se persuaderoit mal-à-propos qu'il est inutile de nous en pourvoir , parce que la production des Vers à soie est trop incertaine , ou qu'en cas de réussite l'abondance des Cocons en rendra le prix modique dans la suite des tems ; que le produit ne sçauroit nous dédommager de la non-jouissance du terrein qu'occupent les Mûriers , des soins & de la dépense nécessaires à l'éducation des

Vers a soie ; & enfin que les Provinces mettront une imposition sur les Mûriers prove-
nus de leurs Pépinieres.

Ces objections n'ont déja que trop fait
d'impression sur l'esprit des personnes que les
plantations de Mûriers n'ont pas pour appro-
bateurs ; c'est le sort malheureux de cette entreprise : l'on fixe ses idées sur l'incertitude ou
sur la prétendue impossibilité du revenu,
parce qu'on ne veut pas reflechir de près sur
les avantages que nous pouvons tirer de notre industrie.

C'est pour tacher de prévenir un découragement qui pourroit s'opposer au sage projet des plantations de Mûriers, qu'animé d'un
zele sincere pour le bien public, j'ai crû devoir répondre ici à ces objections, & entrer
dans certains détails nécessaires pour les détruire : heureux si le succès répond à mes
desirs !

PREMIERE OBJECTION.

Incertitude de la production des Vers à soie.

Nous avons, il est vrai, des preuves cons-
tantes de l'incertitude de la recolte des Vers
à soie, & nous ne sçavons que trop qu'une
once de leur graine qui donnoit autrefois
communément quatre-vingt livres de cocons,
en produit à peine aujourd'hui quarante ; mais

ſi nous cherchons les cauſes de cette diſpro-
portion dans des principes vrais , nous ap-
prendrons 1°. que ces mêmes graines ont dégénéré peu à peu par la négligence & l'ignorance des perſonnes qui ſe mêlent de l'amaſ-
ſer , de la conſerver & de la faire éclorre ,
& chez leſquelles on va généralement s'en
pourvoir ; 2°. que la plus grande quantité
des feuilles dont on nourrit les Vers à ſoie ,
ſont des eſpeces remplies de fibres ameres
& dégoûtantes , qui , en corroſant les parties
glutineuſes dont cet Inſecte forme ſon chef-
d'œuvre , l'aſſujettit aux maladies extraordinaires qui nous privent de ſon produit en Cocons. Nous n'en aurons des recoltes abondantes , qu'autant que nous apporterons , au
choix de la graine , l'attention néceſſaire pour
l'avoir bonne , & que nous donnerons à l'é-
ducation des Vers à ſoie , les ſoins les plus
aſſidus , ſoit pour la propreté , ſoit pour la
ſalubrité & la température de l'air de leur logement , ſoit pour la qualité de nourriture ;
& en un mot que nous ne leur refuſerons aucun des ſecours dont ils ont beſoin : appre-
nons donc à devenir leurs vrais nourriciers ,
& nous ne dirons plus qu'ils ne payent pas
nos bienfaits.

SECONDE OBJECTION.

La grande abondance des Cocons en rendra le prix trop modique.

L'efpoir d'un avenir plus heureux pour nous, nous attache naturellement à tout ce qui fe préfente à titre de produit ; mais en même tems nous devons examiner fans prévention , les moyens de jouir avantageufement du fruit de notre travail, ou de notre induftrie. La raifon qui ne veut pas qu'on faififfe aveuglément un projet , ne veut pas non plus qu'on le reprouve de même. Il ne faut donc pas s'imaginer d'abord que l'abondance des Cocons ne fçauroit feconder le but qu'on s'eft propofé d'augmenter nos richeffes par la plantation des Mûriers : développons pourtant cette objection pour mieux la réfuter.

Ouï , nous dit-on, les Cocons fe vendoient vingt-quatre, trente fols la livre avant la production réelle des Pépinieres ; rien n'étoit alors plus avantageux que d'avoir des Mûriers ; mais dès que tant de millions qu'on va en planter fourniront des feuilles , que ferons-nous de nos Mûriers , nos Cocons ne fe vendront plus que médiocrement ; pourquoi n'en fera-t-il pas comme des autres marchandifes dont l'abondance fait baiffer le prix ? A

cela je réponds, 1°. que quoiqu'il soit incontestable qu'il y a aujourd'hui en France quatre
fois autant de Mûriers, (je ne parle que de ceux
qui produisent) qu'il y en avoit au commencement de ce siécle ; il n'est pas moins vrai
que nous vendons actuellement nos Cocons à
plus haut prix qu'ils ne se vendoient autrefois ;
puisqu'avant 1720, nous ne les vendions que
douze ou quinze sols, au lieu qu'on nous les
paye depuis plus de trente ans à dix-huit,
vingt, vingt-cinq, trente & trente-cinq sols.
Quels sont donc les effets de l'abondance en
Cocons, qu'on regarde comme contraire à
nos intérêts, & que la plantation générale
de Mûriers va nous donner ? Dira-t-on que
l'Espagne, l'Italie, le Piémont, l'Asie même,
nous fournissent aujourd'hui une moindre
quantité de soie qu'elles ne faisoient il y a
quarante ou cinquante ans ? Non assurement
on n'osera pas même avancer une fausseté si
évidente : d'où vient donc l'augmentation
des Cocons, quoique nous en recueillions davantage qu'autrefois ? Elle ne peut venir que
de la plus grande consommation, c'est-à-dire,
du luxe : car tel auroit rougi il y a quarante
ans de paroître en bas de soie, qui à présent
auroit honte de n'avoir pas au moins une
veste de soie pour chaque saison ; or le luxe
qui occasionne cette augmentation soutiendra
toujours le prix d'une marchandise qui lui

eft néceffaire. 2°. Une autre raifon fenfible,
que le prix des Cocons fe foutiendra toujours
malgré l'abondance, c'eft que plus nous en
recueillerons, moins nos Commerçans acheteront de la foie chez l'étranger : car on ne va
pas chercher au loin, à grands frais, avec
bien des peines & des rifques, ce que l'on a
chez foi ; nos Provinces méridionales ont des
amendes ; vont-elles en acheter en Efpagne,
en Italie ? Les Italiens, les Efpagnols vien-
nent-ils en acheter chez nous ? Depuis que
l'on fait en France des glaces d'une beauté
parfaite, allons-nous nous en fournir à Veni-
fe ? Ainfi donc fi nous pouvions parvenir au
point d'avoir chez nous la quantité de foie
fuffifante à la confommation prodigieufe que
nous en faifons, nos Négocians n'en feroient
plus venir des Pays étrangers ; d'autant mieux
qu'ils n'achetent gueres cette précieufe mar-
chandife qu'argent comptant, parce que les
peuples qui nous la vendent, ayant chez eux
à peu près les mêmes productions de l'art &
de la nature que nous avons chez nous,
n'ont que très-peu de befoin de notre fuperflu : car le commerce eft-il autre chofe
que l'échange du fuperflu d'une nation, avec
le fuperflu d'une autre nation ? échange qui
fe fait, ou par marchandifes, ou par den-
rées, ou par richeffes de figne, c'eft-à-dire,
pour de l'argent comptant, que le Négociant

ne laisse sortir de ses mains que le moins qu'il peut , parce qu'il sçait qu'il y rentre toujours difficilement : doncques si nous recueillions chez nous une quantité suffisante de soie , nos Négocians n'en acheteroient plus chez l'étranger ; & par la même raison , ils n'en acheteront jamais que proportionnément à nos besoins; d'autant mieux que notre soie nationale est plus belle que celle d'Espagne , & est d'une qualité aussi parfaite que celle des autres Pays : le prix de nos Cocons se soutiendra donc toujours malgré l'abondance.

TROISIEME OBJECTION.

Le produit des Cocons ne sçauroit nous dédommager de la non - jouissance du terrein qu'occupent les Mûriers, des soins & de la dépense nécessaire à l'éducation des Vers à soie.

Rien n'est plus à propos sans contredit que de combiner le produit d'une entreprise avec ce qu'il en coûte pour en jouir ; mais cette combinaison doit être exacte : pour la rendre telle ici, il faut examiner par un détail économique le produit des Mûriers par celui des Vers à soie, les dépenses de la plantation & de la culture de cet arbre, ce que nous perdons par la privation du terrein qu'ils occupent & les frais attachés à l'éducation de cet Insecte précieux.

C'eſt ce que je vais faire, après avoir établi comme un principe qu'on ne ſemera à
l'entour des Mûriers que ſix ans après les
avoir plantés. Pour entrer dans le détail du
calcul, ſuppoſons une plantation de vingt
Mûriers placés à la liſiere d'une terre, il faut
faire pour chaque Mûrier un creux de douze
pans au quarré (a) par trois pans de profondeur (b); chaque Mûrier occupera donc deux
cannes & un quart de terrein (c) : par con-
ſéquent les vingt occuperont quarante-cinq
cannes (d), qui, ſuivant ce que nous avons
établi ci-deſſus, ne produiront rien de ſix ans.
Je veux que ces quarante-cinq cannes puiſſent vous donner deux panals de bled, la
ſemence prélevée, c'eſt beaucoup aſſurément;
comme nous ne ſemons nos terres que de
deux années l'une, dans les ſix vous perdrez
trois recoltes, c'eſt-à-dire, ſix panals de bled,
qui, au prix de 25 liv. la charge, vaudroient
15 liv. : chaque creux vous coûtera huit ſols,
c'eſt tout au plus, & chaque plançon auſſi
huit ſols, (je prends ici preſque le plus haut
prix des Mûriers des Pépinieres établies par
les Provinces, car l'une les a donné à quatre
ſols, l'autre à cinq, une autre à neuf, &c.)
La dépenſe de la plantation de ces vingt
Mûriers ſera donc de 16 liv., qui jointes aux
15 liv. que vous perdez en bled, font 31 liv.,
auxquelles ajoutez, ſi vous voulez, 3 liv. pour

l'élagage

(a) 9 p.
(b) 2 p.
3 pouces.
(c) 13 p.
& demi.
(d) 45
toiſes.

l'élagage de vos Mûriers, avant qu'ils ayent dix ans, ce fera en tout 34 liv. que cette plantation vous coutera. Paſſons-là à 35 liv. pour plus grande facilité.

Je ne parle pas de la culture du terrein qu'ils occupent, parce que ſi vous le ſemiez, il faudroit bien que vous le cultivaſſiez. Dès leur cinquiéme année, on peut en donner la feuille aux Vers à ſoie : je pourrai donc dès-lors commencer à compter leur produit; mais je vous l'abandonne juſqu'à leur dixieme année qu'il ſera de quelque conſidération.

Ces vingt Mûriers, dix ans après avoir été plantés & entretenus avec ſoin, fourniront de feuilles au moins pour nourrir le produit de demi-once de graine de Vers à ſoie, qui donnera toujours vingt livres de Cocons : ce n'eſt pas beaucoup. Suppoſons-les vendus à 18 ſ., ils produiront annuellement 18 liv; mais comme il faut déduire dix ſols pour chaque livre de cocons, ou pour la cueillete des feuilles, ou pour les ſoins que demandent les Vers à ſoie, ou pour l'achat de la graine, ou pour faire élaguer les Mûriers, il ne reſte que huit livres pour le produit annuel que nos vingt Mûriers commenceront à donner, dix ans après avoir été plantés : quatre ou cinq années après, on ſe trouvera donc pleinement indemniſé des frais & de l'entretien de la plantation, c'eſt-à-dire, que dès leur quatorze ou quinzieme année, on jouira du bénéfice entier de la plantation en surabondance du produit ordinaire des terres ; bénéfice qui deviendra bien plus confidérable, à mesure que les Mûriers auront vingt, vingt-cinq & trente ans, & à plus forte raifon fi, élevant les Vers à foie avec les précautions qu'ils demandent, ils produifent davantage que nous ne venons de fuppofer.

Je ne prétends point ici mettre en parallele la production effentielle de nos grains avec celle des Mûriers. Je fçai que les premiers nous font d'une néceffité abfolue, fur laquelle rien ne peut prévaloir. La foie au contraire ne doit être regardée que comme une matiere attachée au luxe; mais dès qu'elle peut être le fruit de notre induftrie, il eft naturel de chercher à la multiplier comme un furcroît de richeffes, auffi-tôt que nous le pouvons fans préjudicier à la production des grains, dont l'abondance eft de la premiere néceffité.

QUATRIEME OBJECTION.

Les Provinces mettront une impofition fur les Mûriers provenant de leurs Pépinieres.

Il faut être bien peu inftruit des vûes qu'ont eu les Provinces dans l'établiffement des Pépinieres, pour croire qu'elles mettront une imposition fur les Mûriers qui en auront été distribués aux particuliers. Le feul objet de cette entreprife a été de multiplier nos foies, en facilitant au public le moyen de planter des Mûriers, qui ne coûtent dans les différentes Provinces que quatre, cinq ou neuf fols au plus, au lieu de vingt-deux & vingt-quatre qu'ils coûtoient auparavant. Ce feroit détruire entierement le bien de cette entreprife, que de foumettre les particuliers à une impofition : le mot feul les obligeroit d'arracher les Mûriers, pour fe fouftraire à la taxe. D'ailleurs ne voit-on pas que c'eft ici une entreprife à laquelle chacun a contribué pour fa cote-part dans les impofitions générales que les différentes Provinces ont mifes pour fubvenir à cette dépenfe ? L'on ne pourroit à cet égard avoir quelque foupçon, que dans le cas où les Provinces auroient fait un emprunt particulier pour l'entreprife des Pépinieres. L'on auroit alors une efpece de raifon d'imaginer qu'elles ne s'affranchiroient de cet emprunt que par une impofition fur la chofe même ; mais les Provinces n'ayant pas emprunté, cette impofition ne fçauroit avoir lieu pour les particuliers, parce qu'ils l'ont déja payée en général.

Qu'on me pardonne la longueur de ces détails : je les ai cru néceffaires, parce que j'ai vû des perfonnes très-raifonnables, de très-bons citoyens, qui s'étoient laiffés prévenir à ces objections, faute d'y avoir refléchi. J'espere avoir suffisamment prouvé combien il nous est avantageux de multiplier les plantations de Mûriers : leur produit affuré nous y invite ; l'utile établissement des Pépinieres nous en facilite les moyens. Nous enlevons avidement aux autres nations tous leurs arts, toutes leurs inventions frivoles, glaces, vernis, porcelaines, &c. qui n'occupent qu'un petit nombre d'ouvriers, & qui bientôt perdent beaucoup de leur prix, lorfque le fecret de l'art, qui d'abord n'étoit qu'entre les mains de quelques perfonnes, vient enfuite à être plus connu. Par quel aveuglement fatal négligeons-nous des richeffes réelles & folides que nous avons fous la main auffi bien que d'autres peuples, & que nous pouvons nous donner facilement par la plantation des Mûriers. L'olivier, la vigne, l'amendier, fourniffent des branches à notre commerce ; mais nos foies, outre ce qu'elles donnent au commerce, font auffi un objet confidérable de notre induftrie par le travail & l'aprêt qu'elles demandent. Nous ne fommes contens, nous ne fommes heureux qu'à proportion de l'aifance dont nous jouiffons, & il n'en eft aucune fans commerce ou fans induftrie. Nos foies en réuniffant feules ce double avantage, peuvent feules auffi augmenter nos richeffes. Les Mûriers en font la fource féconde, & nos

Fabriques des canaux utiles, qui répandent des sommes considérables sur la main-d'œuvre pour les bras qui y sont employés, & qui souvent doivent à cette industrie unique la moitié de leur existence. Du moment que nous aurons chez nous abondamment de Mûriers, & par conséquent de Cocons, on verra en plusieurs endroits du Royaume s'élever de nouvelles Fabriques, qui, occupant des bras auparavant inutiles, & faisant circuler les especes, vivifieront des pays languissans par le défaut de commerce & d'industrie : mal redoutable qui n'a peut être d'autre remede que la multiplication de la Soie dans le Royaume. Alors le cultivateur qui trouvera dans le produit de ses Mûriers une aisance qui lui étoit inconnue, fera mieux valoir son champ qu'il travaillera avec plaisir : alors ses enfans qui ne lui seront plus à charge, au lieu d'abandonner la chaumiere paternelle, pour venir dans les Villes mendier une subsistance incertaine, peupleront nos campagnes de nouveaux habitans, en s'y fixant avec leurs épouses. Leur faciliter les moyens d'y subsister, c'est donc favoriser la population ; c'est donner de nouvelles forces à l'Etat, dont la premiere richesse est le grand nombre de sujets. Ces moyens, les Mûriers nous les offrent par le produit des Cocons, par le travail de la préparation de la Soie. Acceptons-les avec empressement pour

notre intérêt particulier & pour le général.
Plantons à l'envi cet arbre précieux : bientôt
l'aisance, fruit agréable du travail & de l'industrie, ne nous laissera rien à desirer.

L'ART
DE MULTIPLIER LA SOIE,
OU
TRAITÉ

Sur les Mûriers Blancs, l'éducation des Vers à soie & le Tirage des Soies.

PREMIERE PARTIE.

Différentes especes de Mûriers connues en France : Choix, Plantation, Culture des Mûriers.

'ON connoît dans le Royaume neuf différentes especes de Mûriers, dont un noir très-commun, qu'on ne cultive que pour le fruit : les huit autres sont tous appellés Mûriers blancs, de quelle couleur que soit leur fruit, noir, purpurin, gris ou blanc.

De ces huit différentes especes, les unes sont naturellement sauvages ; l'on acquiert les autres par l'opération de la greffe. On les distingue toutes par les noms qu'on a donné à leurs feuilles.

Mûriers sauvages.

Il y en a de quatre especes : la premiere est celle qu'on appelle *Feuille rose*. Ce Mûrier porte un petit fruit blanc insipide ; sa feuille est rondelette, semblable à celle du rosier, mais plus grande.

2°. La *Feuille dorée* : elle est luisante, & s'allonge sur le milieu ; le fruit en est de couleur purpurine, & petit.

3°. La *Reine bâtarde*. Ce Murier porte un petit fruit noir ; sa feuille est deux fois grande comme la feuille rose, & a dans sa circonférence une espece de dents, dont une qui est à l'extrémité, s'allonge plus que les autres.

4°. La quatrieme espece qu'on appelle *Femelle*, est un Mûrier épineux qui pousse son fruit avant sa feuille, qui a la forme d'une trefle.

Mûriers greffés.

Nous avons aussi quatre différentes especes de Mûriers greffés.

1°. *La Reine*. Cette feuille est luisante, & plus grande qu'aucune des sauvages : sa mûre est de couleur cendrée.

2°. *La grosse Reine.* Elle est d'un verd foncé, & a la mûre noire.

3°. *La feuille d'Espagne.* C'est une espece extrêmement matte & grossiere. Cette feuille est fort grande, son fruit est blanc & beaucoup alongé.

4°. *La feuille de Flocs.* Elle est d'un verd foncé, & à peu près semblable à la feuille d'Espagne, mais moins alongée pourtant : elle est à bouquets sur ses tiges. Ce Mûrier est chargé d'une grande quantité de fruit, qui ne vient jamais au point de maturité.

De toutes ces différentes especes de feuilles, il n'y a que la petite Reine greffée, & les trois premieres sauvages ; c'est-à-dire, la feuille rose, la feuille dorée, & la Reine bâtarde, qui puissent servir de bonne nourriture aux Vers à soie ; toute autre rend leur production incertaine, & moins belle. Malheureusement ces quatre especes sont les moins abondantes dans le Royaume. Si l'on avoit sçû il y a quarante ans que la bonne production des Vers à soie vient des feuilles des Mûriers sauvages, l'on se feroit sans doute moins attaché à ceux qui sont greffés ; mais comme ceux-ci, par la grandeur de leurs feuilles, en donnent une plus grande abondance, on s'en est fourni préférablement aux sauvageons, dans l'ignorance où l'on étoit sur la meilleure qualité des feuilles pour nourrir les Vers à soie.

Pour mieux nous convaincre que l'abon-dance des Cocons dépend en partie de la qualité des feuilles, portons notre vûe sur le Piémont ; nous sçaurons que l'on n'y connoît d'autre feuille que la petite espece, ou la sauvage. Aussi quelle disproportion n'y a-t-il pas de la médiocrité de nos récoltes en Cocons, à l'abondance de celles qu'on y fait annuellement.

Si, quelquefois, avant que de planter des Mûriers, on a voulu prendre quelque instruction sur le choix qu'on devoit faire parmi les différentes especes de feuilles, on s'est adressé à des Agriculteurs ignorans, à des Fermiers, à des paysans, ou à des ménagers : leur décision a prévalu, parce que les personnes, qui, sur leur avis, ont formé des plantations, n'ont pas refléchi que ces gens de la seconde main, ne consultant que leur propre intérêt apparent, sans approfondir la chose en elle-même, imaginent que la grosse feuille vaut mieux pour eux, en voici la raison :

Un particulier, qui a en feuille de Mûriers de quoi nourrir le produit de quelques onces graines de Vers à soie, cherche à la donner à mégerie. Le Méger qui est un paysan, ou un homme de campagne, est chargé du soin d'élever les Vers à soie, & de cueillir la feuille ; ce qui lui fait décider d'avance que la grosse espece est la meilleure, parce qu'il en a fait plutôt fac. Il n'examine pas fi la petite feuille eft préférable pour la production des Vers à foie. Quel qu'en foit le fuccès, notre Méger gagne toujours, tandis que le propriétaire des Mûriers, qui lui fournit la feuille, perd confidérablement. La litiere qu'on ôte fous eux pour les tenir proprement, & qui eft un engrais excellent pour la terre, eft pour le Méger, & il a la moitié des Cocons. D'ailleurs les Vers à foie de cinq à fix onces de graine ne l'empêchent pas d'être à fon travail ordinaire ; une femme ou deux fuffifent à nos Vers à foie, depuis leur naiffance jufques après leur troifiéme mue, encore ne donne-t-on à ces infectes que la plus petite partie du jour.

Les propriétaires des feuilles trouveroient un bénéfice du tiers, s'ils faifoient eux-mêmes élever à leurs frais les Vers à foie, en payant les journées des perfonnes qui y feroient employées. C'eft le défaut de logement qui fouvent les oblige à les donner à mégerie ; mais lorfque l'on fera inftruit fur la façon d'en faire conftruire exprès & à peu de frais, (je le dirai dans la fuite) il y a toute apparence que le plus grand nombre de propriétaires n'aura plus recours aux Mégers.

L'abondance des Cocons & leur parfaite qualité, ne font pas les feuls avantages dont nous jouiffons, en ne nourriffant les Vers à

soie qu'avec la feuille de Mûriers sauvages.
Nous perpetuons encore la durée de nos plantations en n'y employant que cette espece.
C'est de quoi l'on ne doutera pas, si l'on observe que les Mûriers sauvages plantés depuis
plus de quatre-vingt ans, sont encore vigoureux & beaux, tandis que les greffés, qui
ont la moitié moins d'ancienneté, commencent à dépérir sensiblement. Pour mieux cons-
tater la différence de la durée des deux especes, je ne demande qu'une épreuve une fois
faite. Que l'on plante quatre Mûriers sauvages, & autant de greffés, dans un terrein sa-
bloneux, (c'est le plus propre aux Mûriers)
je réponds des premiers, car je l'ai éprouvé
moi-même, ils seront trois ans après plus
beaux, languiront moins, & dureront toujours la moitié plus que les greffés, qui sont
naturellement sujets à des maladies qui n'ont
d'autre cause que l'opération de la greffe.

Choix des Mûriers & qualité du terrein.

Le choix d'un bon Mûrier sauvage n'est pas
difficile à faire. Si l'on ne veut pas connoître
les noms des différentes especes que j'ai donné, on peut aller à la Pépiniere, lorsque les
Mûriers commencent à être en feuilles, & y
marquer ceux qui ne l'ont pas découpée, mais
rondelette ; & si, malgré ce que j'ai dit ci-des-

fus, l'on s'attache aux greffés, on fera choix
de ceux qui ont la plus petite feuille. C'est le
moyen de n'y pas être trompé, & qui devient
le plus facile.

Les Mûriers peuvent être plantés généralement dans toute la France ; la différence du
terrein & du climat n'y font qu'un bien petit
obstacle, puisque ce n'est que de jouir un peu
plus tôt ou plus tard de ces plantations.

Nous avons pourtant du terrein où les Mûriers semblent se plaire davantage, parce qu'ils
paroissent plus vigoureux ; mais ce n'est pas
toujours aux feuilles qu'ils produisent que l'on
doit donner la préférence : tel est le terrein
gras & fort. L'on a cru devoir y planter, &
que c'étoit le seul où cet arbre secondoit nos
espérances, en nous donnant une plus grande
abondance de feuilles ; mais l'on n'a pas ob-
servé qu'un terrein de cette nature étoit bon
pour la quantité des feuilles, & non pas pour
la qualité, qu'il rend extrêmement matte, sans
suc glutineux, & par conséquent sans soie.
D'ailleurs un Mûrier qui est planté dans un
terrein gras & fort, ne nous fait pas jouir
long tems de son produit : à la vérité il fait
de beaux progrès dès son commencement ;
mais il est bientôt à sa fin, pour peu que la
culture & les pluies lui manquent.

L'on doit éloigner les Mûriers d'un terrein
aquatique ; c'est pour eux une mauvaise place,

& leur feuille feroit un vrai poifon pour les Vers à foie.

Le terrein le plus convenable aux Mûriers eft celui qui eft naturellement fabloneux, fec & léger. Ils y font des progrès, parce que leurs racines y filent facilement. Les feuilles qu'ils nous donnent, font parfaitement qualifiées par les fucs nourriciers que leur fournit un pareil terrein. Il fuffit d'être un peu verfé dans l'art de l'agriculture, pour ne pas douter de cette vérité ; elle eft d'ailleurs conftatée par la préférence que nous donnons aux vins, huiles & fruits que nous tenons d'un terrein fec, léger & fabloneux.

Les Mûriers languiffent & font peu de progrès dans le terrein argileux : leurs racines y font à la gêne, par la qualité de cette terre, qui, étant trop ferrée, les empêche de s'étendre & d'être arrofées par les pluies, l'eau ne filant qu'avec peine dans un terrein de cette nature.

Il y a auffi une efpece de terrein où l'on trouve du tuf, & qui eft extrêmememt poreux & aride, dans lequel on ne peut que difficilement élever des Mûriers : leurs progrès font douteux, quelque foin qu'on leur donne.

Quand & comment planter les Mûriers.

On peut les planter en lifiere, le long des chemins royaux & des chemins de traverfe.

A l'entour des terres & des vignes, en bor-
dure, en haies, ou à plein vent.

Dans les peloufes, en échiquier.

Dans les parcs, en allées & en taillis.

Aux avenues des Châteaux, Couvents, Mai-
fons particulieres, à quatre rangs, grande &
contre-allée.

Quoique nous trouvions dans la plantation des Mûriers des avantages multipliés,
puifque nous pouvons concilier l'utile & l'a-
gréable, & que nous ne nous appercevons pas
que leur premiere feuille a fervi de nourriture aux Vers à foie, ce n'eft cependant qu'a-
vec peine que nous nous décidons pour des
avenues en Mûriers : nous les regardons comme trop bourgeoifes, & l'on a cru long tems
qu'une maifon de campagne perdroit de fon
agrément, fi elle n'avoit aux environs d'autre
ornement que des allées formées de cet arbre.
Ce préjugé commence à diminuer; nous avons
déja bien des avenues alignées en Mûriers. A
propos de quoi, il eft bon d'obferver qu'un
particulier qui veut s'en donner une allée, ne
doit pas examiner de trop près ce qu'il lui en
coûtera, pour jouir plutôt de cette plantation.
Il fera donc ouvrir en novembre, tout au long
de l'allée, un tiré au cordeau, d'une toife &
demi de largeur fur demi-toife de profondeur,
en ayant foin que l'on mette au fond du foffé
la terre de deffus que le foleil & la culture

ont bonifié dès long tems. Si le terrein n'étoit pas bon, il faudroit faire transporter un pan, c'est-à-dire, neuf pouces de bonne terre qu'on mettroit de même au fond du fossé, ou tout au moins y mêler quelque engrais.

Ceux au contraire qui formeront des plantations ordinaires en lisiere ou en bosquet, feront faire, toujours en novembre, des creux de douze pans au quarré, par trois pans de profondeur.

Quelquefois on fait ces plantations en septembre ou octobre; elles font fort hazardées, parce qu'on les forme à la hâte, & presque toujours dans une terre que l'on veut semer.

C'est dans le mois de février ou de mars qu'on doit planter les Mûriers; c'est là le véritable tems. La place qu'on leur fait occuper, leur a été préparée à l'avance & à loisir, dans un tems où l'on n'est gueres occupé à l'agriculture : le froid a épuré la terre des creux ou des tranchées, qui ont aussi été arrosés par les pluies.

L'on fera choix des plus beaux plançons; il vaut pourtant mieux qu'ils soient plus petits, pourvu qu'ils soient plus jeunes : car tout arbre de cette espece, qui a langui dans la pépiniere, fait peu de progrès.

Il faut, en arrachant le Mûrier, conserver toutes ses racines, & en détacher la terre qui souvent s'y trouve collée; ensuite on cou-

pera

pera la racine mere qu'on appelle navet ou porreau, qui, s'alongeant & plongeant directement dans la terre, empêcheroit d'asseoir le plançon, & on coupera aussi l'extremité des autres racines pour les rafraichir, avant de planter. Ces coupures doivent être faites rondement avec un couteau ou une serpete, & jamais avec une scie.

Après avoir ainsi préparé les plançons, on les fera terminer par le haut en triangle ou en fourche à deux becs, auxquels on donnera deux ou trois pouces de longueur, selon qu'il paroîtra y avoir plus ou moins d'yeux.

L'expérience a démontré que les Mûriers qu'on termine simplement comme un bâton sans fourche & sans sinuosités, poussent au milieu de leur tige des bourgeons plus vigoureux qu'à la cime; ce qui provient de ce que la seve, qui monte entre l'écorce & le bois, sort & se répand par le bout du plançon, parce qu'elle ne trouve rien qui l'arrête; Il n'y a, de toute certitude, rien à esperer de pareils Mûriers, quand même il s'y formeroit des portans à deux ou trois pouces de leur cime, parce qu'il faudroit toujours, pour façonner l'arbre, couper le bois mort qui se trouve au milieu de ces portans ; ce qui en éventant la seve du plançon lui fait une cicatrice qui ne peut se recouvrir. Il se forme ordinairement, à l'endroit où l'on a coupé le bois mort, une truffe ou fic, qui, dans la fuite du tems, caufe la mort à l'arbre. Au contraire, lorfque les plançons font terminés en fourche ou en triangle, la feve y trouvant une refiftance qui l'oblige à fe porter dans les yeux qui font le plus près, y forme des bourgeons vigoureux, & ainfi bientôt des branches.

Une pratique qui réuffit parfaitement dans la plantation des arbres fruitiers, eft de faire tremper leurs racines dans l'eau un peu avant que de les mettre en terre. Quand elles font humectées, on les roule legerement fur de la terre fine qui s'attache fi bien à tous les chevelus des racines, qu'aucun d'eux ne fe deffechant, elles donnent au plançon une feve abondante qui le fait pouffer avec force. L'on peut faire ufage de cette methode en plantant des Mûriers : il eft même néceffaire de s'y conformer, lorfque les racines font un peu flétries & deffechées.

Les Mûriers doivent être plantés à une diftance convenable les uns des autres. Bien des gens ont fait à cet égard une faute irréparable, & principalement aux allées d'avenue; l'on a voulu jouir bientôt de l'ombrage, & pour cela l'on a planté fort près.

L'on ne peut voir, fans regret, de ces fortes d'allées, où les arbres dans les premieres années avoient fait des progrès; mais dans la fuite ils ont infenfiblement élevé leurs branches en fufée, quelque attention qu'on ait eu de les rabaiffer. C'eft leur trop grande proximité qui les rend ainfi indociles, & qui les fait enfin décroître, parce que leurs racines venant bientôt à fe rencontrer, s'affament mutuellement, & par conféquent ne fourniffent plus à l'arbre la même abondance de feve.

Pour éviter cet inconvenient, il faut planter les Mûriers à la diftance de quatre toifes au moins, les uns des autres; après les avoir placés dans l'endroit qui leur eft deftiné, l'on aura attention de couvrir les racines avec de la terre que l'on ne prendra point au bord du foffé; mais que l'on choifira à quatre pas en écumant celle qui a été purifiée par le foleil, & améliorée par la main de l'homme : l'on ne creufera dans ce choix que l'épaiffeur de trois pouces. Les racines étant couvertes de cette terre, on la preffera contre, doucement avec la main, non avec le pied; l'on achevera enfuite de remplir le creux avec la terre qui eft amoncelée tout au tour.

Il feroit bon dans les plantations, que le Mûrier fe trouvât, eu égard au pole, dans la même pofition où il étoit en pépiniere : nous renvoyons cette attention aux vrais Agriculteurs.

Rien n'est plus utile pour jouir avec succès des plantations que nous faisons dans les
terres legeres, que d'y mettre des feuillages
ou du buis, de la lavande, du thym ou de la
fougere, dans les creux avant d'achever de les
remplir. C'est un moyen assuré pour faire étendre les racines avec plus de force, sans y
employer les engrais nécessaires à la production de nos grains. Mais il faut observer
que tout ce qui sert à améliorer la terre où
les Mûriers sont plantés, ne doit jamais être
placé immédiatement sur leurs racines : il faut
les couvrir de huit ou neuf pouces de terre,
avant que d'y jetter le buis, la lavande,
&c. Les Mûriers que l'on plante dans un
terrein argileux, ne peuvent que difficilement
y faire du progrès, ainsi que je l'ai déja dit;
il faut pour donner plus d'aisance à leurs racines, mettre des cailloux au fond du creux,
que l'on fera toujours dans ce terrein un
pan plus profond qu'ailleurs. On mettra sur
les cailloux un pan de terre, & l'on placera
ensuite les Mûriers.

L'on peut y employer avec succès de petites branches de chêne mises en fagots, qu'on
rangera sur la terre qui couvre les racines : il
ne seroit pas moins avantageux de mettre
avec ces fagots des feuillages, du buis, &c.
L'on voit à l'aide de ces précautions de très-
beaux Mûriers dans des terres argileuses : il

n'en coûte pour cela qu'une attention particuliere.

Je le répete & ne puis trop le recommander : de quelle nature que soit le terrein où l'on plante des Mûriers, on ne doit semer les creux où ils sont que six ans après la plantation, parce que dans les commencemens, leurs racines encore foibles & menues, seroient affamées par la multitude infinie des racines du bled, qui, desséchant la terre & l'épuisant de sucs nourriciers, feroient tomber le Mûrier dans une langueur qui lui deviendroit mortelle, ou de laquelle du moins il se ressentiroit toujours; vérité incontestable, dont il n'est que trop aisé de se convaincre, pour peu que l'on parcoure la campagne.

En quel tems il faut cultiver les Mûriers, & comment les tailler.

Former des plantations de Mûriers, & ensuite négliger de les tailler & de leur donner les cultures nécessaires, c'est perdre de vûe ce capital, & renoncer au produit que nous nous étions proposés; cette négligence n'est pourtant que trop commune : car combien voyons-nous d'arbres de cette espece, auxquels la main de l'homme n'a pas touché depuis qu'ils sont plantés ? Aussi sont-ils foibles & languissans, & c'en est fait pour toujours dès qu'ils ont souffert dans leurs premieres années.

Si l'on veut qu'ils répondent à nos espérances, il faut les cultiver dans leur jeunesse, au moins trois fois l'année : la premiere fois en novembre ou decembre, afin que les pluies de l'hyver pénetrent aisément dans la terre ; la seconde fois en février ou mars , & la troisieme en mai ou juin. Il seroit même fort à propos de leur donner une quatrieme culture en août ou septembre ; ils n'en deviendroient que plus beaux.

La sécheresse est dangereuse pour les Mûriers ; ceux qui sont greffés , ne peuvent y résister que difficilement : elle leur cause une maladie dont nous avons une induction certaine par l'épanchement d'une eau visqueuse & jaunâtre qui se fait à leur pied. Des Vers qu'elle engendre aussi quelquefois dans leur tronc, coûtent la vie à l'arbre : lorsque malheureusement ils sont ainsi malades, il faut les priver de la culture, & ne la leur redonner qu'après les premieres pluies. La sécheresse est bien moins contraire à nos Mûriers sauvages : ils résistent à ce contre-tems ; ce qui est encore un avantage pour ceux qui ne plantent que de cette derniere espece.

Il est nécessaire de former un Mûrier au commencement & lors qu'il est jeune ; il faut pour cela le priver de ses branches, afin d'arrêter la trop grande abondance de la seve, & pour faire forcer l'arbre au pied. L'on aura attention, pour parvenir à cette fin,

1°. De ne former au Mûrier que trois branches disposées en triangle.

2°. De couper au mois d'août ces trois branches, au-dessus de trois ou quatre feuilles la premiere année ; au-dessus de huit à la seconde ; au-dessus de douze à la troisiéme ; c'est-à-dire, qu'on réduise chaque branche à quatre pouces de long la premiere fois, à huit pouces la seconde, & à un pied de long la troisiéme. On continuera pendant quelques années à l'arrondir en cul de lampe : il faut toujours ouvrir le Mûrier dans le milieu, afin que la pluye puisse en arroser le pied.

Ce n'est tout au plutôt qu'à leur cinquiéme année qu'on doit en cueillir la feuille pour la faire servir de nourriture aux Vers à soie, ce soin doit même n'être confié qu'à une main sage qui ménagera la délicatesse de nos arbres.

Le vrai tems d'élaguer les Mûriers est immediatement après avoir cueilli la premiere feuille, & avant qu'ils poussent la seconde. La seve ainsi guidée dans les bonnes branches, ne va pas se perdre inutilement dans celles qu'il faut retrancher ; mais si la recolte des grains qui approche & qui merite notre premiere attention n'en laisse pas le loisir, alors on les élaguera à la fin de juillet ou en août, afin qu'ils puissent profiter du retour de la seve à la fin de l'été.

On ne doit se servir pour cette opération que d'une petite hache, sans y employer aucunement la scie à main : la raison en est sensible.

La scie, par les frotemens réiterés & rudes de ses dents, déchire & brûle tellement l'extremité des fibres du bois, que la seve ne peut plus y circuler, & les réunir pour former une nouvelle écorce.

Tels sont les soins que nous devons à nos Mûriers : plus nous les leur prodiguerons, plus nous éprouverons leurs bienfaits supérieurs à notre travail.

L'ART
DE MULTIPLIER
LA SOIE.

SECONDE PARTIE.
Education des Vers à soie.

GRAINE DES VERS A SOIE.

Quoiqu'il soit avantageux d'avoir des Mûriers, quand même l'once de graine des Vers à soie (*a*) ne donneroit que quarante livres de Cocons, ainsi que je l'ai prouvé dans

Introduction.

(*a*) C'est pour me conformer à l'usage vulgaire que je nomme graine les œufs des Vers à soie. Personne n'ignore que ces Insectes, enfermés dans leurs Cocons, se métamorphosent en papillons, dont la femelle, dès qu'elle est sortie du Cocon, met bas des œufs qui contiennent d'autres Vers à soie.

l'avant-propos, on ne peut pourtant fçavoir sans regret, que cette once produifoit communément un quintal, il y a une cinquantaine d'années. On feroit encore plus furpris de cette difproportion énorme, fi l'on fçavoit qu'il y a plus de quarante mille graines à une once, & que moins de trois cent Cocons pefent une livre; en forte que quarante livres ne font pas le tiers de ce que nous devrions avoir, quoiqu'il foit inévitable que de cette multitude de chenilles, il n'en meure un nombre affez confidérable avant qu'elles foient en état de travailler à leurs Cocons.

Cette diminution extraordinaire prouve évidemment que le défaut de réuffite de nos Vers à Soie, vient principalement de la mauvaife qualité de la graine qui n'éclôt pas toute, & qui ne produit que des chenilles foibles & languiffantes, dont le plus grand nombre périt peu à peu avant de nous faire fon préfent, & dont celles qui furvivent, ne donnent la plûpart qu'une production imparfaite; puifque dix livres de Cocons fourniffoient autrefois un livre de foie, au lieu qu'il en a fallu fucceffivement douze, quatorze, & qu'enfin aujourd'hui il en faut quinze livres pour tirer une livre de foie; encore ne peut-on l'avoir d'une qualité parfaite, tellement les Cocons ont dégénéré !

La réuffite des Vers à foie dépendant donc

beaucoup de la qualité de la graine, notre premier foin doit être de l'avoir bonne ; ce qui eft fort facile, comme je le ferai voir bientôt, pourvû qu'on ait attention d'éviter les inconveniens dans lefquels tombent les perfonnes qui négocient à cette graine. Elles fe conduifent en cela fans regle, fans connoiffance, fans prévoir les conféquences du choix : n'ayant d'autre vûe que de gagner dans cette forte de commerce, elles s'attachent aux Cocons qu'elles croyent devoir leur donner une plus grande quantité de graine, & de filozelle. Dans cette idée, elles donnent la préférence aux veloutés qui font les plus gros, mais qui ont un brin (*a*) foible, inégal, & irrégulier dans fa formation ; quelle autre production peut-on avoir de cette efpece, que fa propre qualité ? Cette premiere faute prive nos tirages de Cocons de la premiere qualité dans les achats qu'ils en font, & les réduit à ne travailler qu'une feconde qualité de foie, puifque les Cocons veloutés dont on tient la graine, ne font abfolument que de cette claffe.

Une autre faute encore plus effentielle que

Caufe de la mauvaife qualité de la graine.

______

(*a*) On nomme brin, en terme de l'art, le fil de foie qui compofe le tiffu du Cocon. Comme ce fil eft extrêmement délié, on affemble celui de fix, huit, dix Cocons, felon qu'on veut rendre la foie plus ou moins forte.

font nos vendeufes de graine de Vers à foie, eft de prendre indifféremment celle que dé- pofent les papillons femelles qui n'ont pas été approchées par un mâle.

C'eft ici que l'on va fe récrier contre moi: Quoi, me dira-t-on, oferiez-vous nier que cette graine foit féconde ? Nous fçavons, à ne pouvoir en douter, qu'elle eft auffi bonne que celle des femelles accouplées, puifqu'elle donne des Vers à foie qui produifent également leurs Cocons.

Je fçai, & il ne m'a point échappé, qu'un papillon femelle, fans le fecours du mâle, pond des œufs qui donnent une fois une production en Cocons affez bonne ; mais des expériences réitérées m'ont appris que fi l'on garde de ces Cocons pour en tirer la graine, l'on aura l'année d'après un tiers de mauvais Cocons qui feront la plûpart percés par un bout, & à la feconde génération par les deux. On les nomme *Enduzens*, *Boffes* ou *Bouffés*. en lan- gage vulgaire. Cette efpece n'eft déja que trop abondante : ceux qui ont des Tirages, en font tous les ans la trifte épreuve, par la quantité de Cocons pointus & percés qu'ils trouvent dans leurs achats ; & les perfonnes qui élevent des Vers à foie, s'apperçoivent également de la mauvaife efpece des Cocons qu'ils ont ; car il y en a toujours une bonne partie qui ne font qu'à moitié formés, & d'autres à peine com- mencés.

Des effets auſſi frappans n'ont pourtant point
encore deſſillé les yeux aux nourriciers des **Vers
à ſoie** : ils n'apportent aucune attention **au**
choix des Cocons dont ils tirent la graine ;
ils mêlent indifféremment les œufs des femelles
non accouplées avec ceux des femelles qui l'ont
été. Ne ſoyons donc plus ſurpris d'en avoir
de ſi mauvaiſes productions, tant que nous ne
préviendrons pas le mal dans ſon principe.

Le moyen d'y remédier eſt ſimple, & le
ſuccès en eſt aſſuré. 1°. Il faut choiſir des Cocons (*a*) qui ſoient étroitement cerclés au milieu, d'une formation égale, & picotés au
deſſus d'un petit grain uniforme qui fait le
tiſſu de la Soie. Leur couleur doit être paille
un peu pâle. Il n'importe pas que ces Cocons
ſoient petits, pourvu que vous ne preniez pas
des veloutés, qui, quoique plus gros, ſont
différens par leur couleur qui eſt toujours d'un
jaune foncé. On les nomme veloutés, parce
qu'au lieu d'être picotés comme les premiers,
ils ſont naturellement dorés & glacés au deſſus ; ce qui les fait aiſément reconnoître, pour
peu qu'on les regarde de près.

Com-
ment a-
voir la
bonne
graine.

(*a*) Le triage des Cocons deſtinés à la propagation doit être fait auſſi-tôt qu'ils ſont tirés des bruie-
res. Si l'on attend qu'ils ayent reſté quelque tems
en tas, comme ils s'y échauffent bientôt, les papillons incommodés par cette chaleur donnent des œufs
mal ſains.

2°. Le choix des bons Cocons étant fait, il faut les mettre en liasses, observant, autant qu'il est possible, de les accoupler alternativement mâle & femelle : différence facile à faire ; car les Cocons qui sont un peu pointus par un bout, contiennent les papillons mâles ; ceux au contraire qui sont arrondis par les deux bouts, vous donneront de toute certitude les papillons femelles.

3°. En mettant les Cocons en liasses, on les enfilera par le travers, mais superficiellement, crainte de blesser les Vers à soie. Une autre attention essentielle est de ne point trop les serrer les uns contre les autres : car les papillons se rebuteroient, s'ils trouvoient de la résistance, lorsqu'ils travaillent à sortir de leurs Cocons, & ils y mourroient dedans ; ce qui arriveroit aussi, si vous teniez trop chaudement les liasses. Placez-les donc dans un endroit frais où l'air pénetre facilement.

4°. Dès que les papillons commenceront à sortir du Cocon, vous aurez soin de les accoupler mâle & femelle sur une étoffe blanche ou noire. Les mâles sont faciles à connoître en ce qu'ils sont petits & pointus, les femelles sont toujours plus grosses & rondes, parce qu'elles sont chargées d'œufs : nos papillons accouplés ne resteront que cinq heures sur le drap : passé ce tems, ils seront dépariés. Vous jetterez les mâles, & vous mettrez les femelles

ſur un autre drap noir. C'eſt là où elles dé-
poſeront leur graine, & non ſur du ſable comme leur font faire bien des perſonnes : ce
frauduleux uſage, qui la rend plus peſante,
l'affoiblit beaucoup.

Le tems de faire aux liaſſes la levée des papillons qui y ſont ſortis des Cocons, eſt ordinairement tous les jours à ſix ou ſept heures
du matin , parce que c'eſt principalement
pendant la nuit qu'ils travaillent à percer : il
n'importe pas que la plus grande partie s'y
trouvent alors déja accouplés ; vous les pla-
cerez ſur le drap deſtiné à ceux que vous appa-
riez. Au reſte , n'étant guere poſſible qu'ils
écloſent tous au tems précis de la levée du matin , & proportionnellement mâles & femelles,
il y aura ſouvent ſur les liaſſes un plus grand
nombre des uns que des autres : en ce cas, il
faut y laiſſer les papillons qui ne pourront
être accouplés ; & après avoir déparié à midi
ceux du matin, on reviendra aux liaſſes pour
en tirer ceux qui pourront être accouplés : ils
reſteront enſemble ſur notre premier drap juſques à cinq heures du ſoir, après quoi on les
dépariera, & on mettra les femelles ſur le
drap deſtiné à recevoir leurs œufs : on continuera ainſi ſucceſſivement tous les jours de
cinq en cinq heures.

Comme je prévois que peu de perſonnes Avis.
feront un choix exact des Cocons, pour avoir

proportionnellement des papillons mâles & femelles ; je dois avertir qu'il vaut mieux avoir moins de mâles qu'en avoir trop , parce que l'on peut, au befoin, faire fervir deux fois à l'accouplement un même papillon mâle; au lieu que fi l'on manque de femelles , on n'a point tant de graine comme l'on fe propofoit en avoir ; les mâles qu'on a de furplus deviennent inutiles , & leurs Cocons qui auroient donné de la foie , ne donnent plus d'autre profit que la filozele.

Atten-tion né-ceſſaire. Les papillons dépofent toujours de la graine fur les Cocons en liaſſes , & fur le drap où ils font placés en premier lieu. On doit être attentif, non feulement à ne jamais mêler cette graine, avec celle que l'on tire du fecond drap, où l'on met les femelles après qu'elles ont été dépariées; mais on ne doit même pas s'en fervir , crainte des fuites facheufes qui en réfulteroient.

Les perfonnes qui, par une économie mal entendue, ne voudront pas renoncer à cette premiere graine, ni à celle provenue des femelles qui n'ont point encore été accouplées, doivent au moins avoir foin d'en élever féparément les Vers à foie, & de n'en pas garder enfuite les Cocons pour avoir de graine.

Quoique ceci demande une attention particuliere, où la moindre négligence eft dangereufe, je veux croire pourtant que les perfonnes

nes prévenues sur cet article veilleront assez à leur intérêt personnel, pour ne pas se tromper à ces Cocons & en garder pour elles-mêmes; mais qui leur répondra que celui qui les achetera dans la bonne-foi, n'en gardera pas pour la propagation ? C'est ce qui arrive annuellement, & c'est ainsi qu'insensiblement ont dégénéré nos Vers à soie, par l'avidité, l'ignorance, & l'infidélité des personnes qui négocient à la graine : asservies à l'habitude & au préjugé, n'espérons point qu'elles profitent de nos instructions qu'elles ne liront même pas.

Pour empêcher que le Public ne soit trompé dans l'achat de la graine de Vers à soie, le seul moyen peut-être, seroit qu'une sage administration établît dans chaque Province, pendant quelques années, des Bureaux, où l'on vendroit exclusivement celle qui seroit faite par des personnes instruites & fideles, chargées de ce soin.

Dès que tous les papillons femelles auront déposé leurs œufs sur le drap, on le roulera sans le serrer trop, & on le mettra dans un endroit frais qui ne soit point humide, où il restera jusques au mois de septembre pour laisser raffermir la graine. Ce tems arrivé, lorsqu'on voudra la détacher, on soufflera dessus quelques bouchées de vin, après quoi on roulera encore le drap qui restera ainsi

Comment conserver la graine.

environ une heure, pour donner le tems à l'humidité du vin de pénétrer une espece de glu qui tient la graine colée au drap ; on détachera ensuite la graine doucement avec une plume, & on en fera de petits paquets dans du papier, qui ne seront pas trop serrés, & que l'on placera dans un endroit où l'air soit temperé, pour y demeurer jusques au tems où elle doit éclorre. On la détache du drap pour éviter qu'elle soit rongée par de petits Vers qu'attirent les ordures que les papillons y ont laissé.

Renouvellement de la graine des Vers à soie.

Les mêmes causes qui ont fait dégénérer nos Vers à soie, peuvent dans la suite les faire dégénérer encore, si après nous être redonné la bonne espece, on néglige les précautions nécessaires pour la perpetuer : il se peut aussi qu'en employant toujours la même espece de Cocons pour avoir de la graine, elle dégénére naturellement après un certain tems, ainsi qu'il arrive à tant d'autres productions de la nature, fleurs, plantes, fruits, animaux, qui, en se perpétuant, perdent insensiblement de leur qualité primitive.

Quoiqu'il en soit, si nos Vers à soie dégénérent encore, dès que l'on s'appercevra que les Cocons de la premiere claſſe, dont j'ai parlé ci-deſſus, recommenceront à n'être pas la qualité dominante dans nos recoltes, il faudra renouveller la graine; c'eſt à quoi l'on reuſſira facilement par le mélange de certaines autres eſpeces de Cocons, conformément à ce que je vai bientôt dire.

Je dois la découverte de ce ſecret, à la rareté de ceux que j'ai dit devoir être ſeuls employés à faire la graine; deſquels à peine choiſiroit-on aujourd'hui dix livres ſur trois quintaux de Cocons: obligé par là à chercher un moyen particulier pour avoir des bons, j'ai eu enfin le bonheur, après dix ans de travail & d'épreuves ſur cette ſeule partie, d'en trouver un infaillible pour avoir une graine, qui nous rendra le Cocon de la premiere qualité, lorſqu'il ſera néceſſaire.

Pour avoir cette nouvelle graine, on fera choix de Cocons doubles, des plus petits & des mieux formés, & d'une égale quantité de Cocons qui ſoient d'un beau blanc & picotés d'un beau grain. Chacune de ces deux eſpeces ſera miſe en liaſſes ſéparément : on aura une attention exacte que parmi les Cocons blancs, les femelles ſoient en plus grande quantité que les mâles, parce que les Cocons doubles contiennent chacun deux papillons, & qu'il n'eſt pas poſſible de connoître s'ils ſeront mâles ou femeles. A meſure que les uns

Nouvelle graine.

& les autres fortiront de leurs Cocons, on les accouplera foigneufement des deux differentes efpeces. De ce mélange naît une nouvelle génération, qui participe à la vigueur toujours fupérieure des papillons des Cocons doubles, & à la beauté de la Soie des Cocons blancs, & qui, en fe perpétuant, nous donne une graine qui produit abondamment de Cocons, d'une bonne formation & d'une qualité parfaite, & parmi lefquels les veloutés, les fondus & les chiques font rares.

On aura foin de dépouiller les Cocons doubles d'un duvet, ou *bave*, qui en cache la beauté; & comme ils font plus forts que tous les autres, on y fera légérement une croix aux deux bouts avec un canif, pour en couper feulement la premiere pellicule. Sans ces précautions, les papillons s'épuiferoient pour fortir, & ne pourroient que difficilement percer leurs Cocons, parce qu'ils font chargés de quantité de gomme & de brins. Pour le refte de l'opération, on fe conformera à ce que j'ai dit ci-devant.

On pourra m'objecter ici, avec quelque raifon, que fi notre nouvelle graine eft d'un produit affuré, c'eft à elle que nous devons nous tenir, fans renvoyer le renouvellement à la fuite des tems.

J'avouerai d'abord qu'il n'y a pas affez long tems que j'ai découvert cette feconde façon de faire la graine, pour avoir pû connoître ce qui arriveroit, fi nous en ufions toujours. Peut-être alors nos Vers à foie dégénéreroient-ils auffi ; & en ce cas comment renouveller la graine ? Pourquoi donc fans néceffité courir le rifque de nous priver d'une reffource pour l'avenir, tandis que la premiere façon eft d'un produit également affuré, & donne tout de même des Cocons d'une qualité parfaite.

D'ailleurs cette feconde façon eft beaucoup plus pénible, parce qu'il faut avoir foin de dépouiller les Cocons doubles de leur duvet, & de les couper un peu ; & comme il n'eft rien de petit en fait d'économie, je ne tairai même point que ces deux efpeces, qui fervent à renouveller la graine, font moins propres que l'autre à être mifes en quenouille. Il eft même affez difficile de filer les Cocons doubles : pour avoir moins de peine, il faudroit les faire carder ; ce qui donneroit du déchet, & occafionneroit quelques frais.

Ces différentes confidérations réunies me paroiffent affez fortes pour confeiller qu'après s'être donné par ce moyen-ci une nouvelle graine qui mérite toute notre confiance, l'on fe contente d'en perpétuer la bonne qualité, par la méthode que j'ai prefcrite dans le chapitre précédent.

LOGEMEMT DES VERS A SOIE.

Propreté neceſſaire.

Les perſonnes qui élevent des Vers à ſoie, doivent leur préparer à l'avance un logement plus ou moins grand, à proportion de la quantité qu'elles ſe propoſent d'en avoir, afin qu'il ſoit prêt au beſoin, lorſqu'ils commencent à occuper beaucoup de place, au ſortir de leur troiſieme mue. Pour faire ces préparatifs à loiſir, il faut prendre le tems où quelques momens de la journée ſuffiſent aux ſoins que demandent ces Inſectes, qui eſt depuis qu'ils ſont nouvellement éclos juſqu'à leur ſeconde mue : ſi l'on differe davantage, le tems preſſe, les ſoins ſe multiplient, tout ſe fait à la hâte, tout va mal.

Auſſi-tôt donc qu'ils ſeront nés, on fera choix d'une chambre expoſée au midi, dont les fenêtres ferment exactement, & ſoient garnies de vitres, s'il ſe peut, ou de chaſſis couverts de toile ou de papier, ou ſur leſquelles au moins il y ait des rideaux ou des draps de toile, pour fermer tout paſſage au vent.

On aura attention qu'il n'y ait au plancher, ou aux murs de cette chambre, ni trous ni crévaſſes, crainte que les rats, les araignées ou d'autres inſectes malfaiſans s'y logent.

On diſpoſera dans cette chambre pluſieurs

piéces de bois en guise de colomnes, à l'aide
desquelles on placera un nombre suffisant de
claies de roseaux ou d'osiers rangées par étage,
de façon qu'on puisse passer tout autour des
deux côtés, & les placer ou déplacer à volonté.
Chaque claie doit avoir trois pieds de large,
& les différens étages doivent être à un pied &
demi de hauteur l'un de l'autre.

Ces claies seront garnies de chaque côté
d'un rebord d'un pouce & demi de hauteur,
pour empêcher les Vers à soie de tomber; &
ce rebord sera fixé seulement avec une cheville
à chaque extrémité contre les piéces de bois qui
soutiennent les différens étages, afin qu'on
puisse l'enlever aisément, de même que les
claies, lorsqu'il faut rechanger les Vers à soie.

L'on mettra de la paille bien propre & bien
séche sur les claies, & elle sera changée toutes
les fois qu'on changera les Vers à soie. Cette
paille les empêche de passer par l'entre-deux
des roseaux, & garantit ceux qui sont à l'étage
inférieur des ordures qui leur tomberoient
dessus.

Avant que de se servir des claies, on les
lavera soigneusement, & on les frotera avec
un petit fagot de thym ou de lavande : on fera
de même après qu'elles ont servi; & lorsqu'on
voudra encore en faire usage l'année suivante,
on les lavera & frotera de nouveau.

L'appartement où sont élevés les Vers à soie, Propreté
nécessai-
re.

doit être tenu proprement : sans cette attention de notre part, ils n'auront qu'une foible reconnoissance pour nos autres bienfaits;
mais comme il faut nécessairement le balayer
pour cela, & qu'ils sont incommodés par la
poussiere qui s'éleve alors, il faut l'arroser auparavant, en ayant soin de mettre un verre
de bon vinaigre sur un demi-pot d'eau. Toute
mauvaise odeur les rend malades, leur fait
enfler la tête, & les empêche de manger. Ainsi
donc on ne doit jamais permettre de faire un
tas de leur litiere dans la loge ; abus qui n'est
que trop commun. Il faut, en les rechangeant,
l'enlever aussi-tôt & la porter bien loin ; car il
suffit qu'il y ait de ce fumier, ou de tout autre au dessous des fenêtres de leur logement,
ou même à une certaine distance, pour les
déranger dans leur accroissement.

N'oubliez pas de placer un thermometre
dans cette chambre ; il est absolument nécessaire pour déterminer & entretenir le degré
de chaleur convenable.

Il faut aussi suspendre au plancher un fagot
de thym ou de lavande, à la portée des personnes qui ont soin des Vers à soie, auquel elles
froteront leurs mains, après se les être lavées,
toutes les fois qu'il faudra donner à manger à
nos précieuses Chenilles, ou les rechanger.

Ces mêmes personnes doivent se tenir proprement ; si leurs habits ont quelque odeur

désagréable, ou si elles ont l'haleine forte, soit naturellement, soit par la qualité de ce qu'elles auront mangé ou bû, les Vers à soie en feront incommodés. Il en fera de même, si elles prennent du tabac : c'eſt pourtant moins l'odeur, que le tabac même que ces Inſectes craignent. L'on peut aiſément en faire l'épreuve, en parſemant une prife de rapé ou de tabac d'Arles fur quelques feuilles de Mûriers garnies de Vers à foie ; on en trouvera bien peu en vie le quart d'heure d'après, fur-tout depuis leur naiſſance juſqu'après leur deuxieme mue.

MISE DES GRAINES.

Le tems de mettre à couver la graine des Vers à foie (*a*) eſt lorſque les Mûriers commencent à pouſſer leur feuille. La veille du jour choiſi pour cela, la graine doit être lavée dans du bon vin : après l'avoir bien remuée avec le doigt, on verſera par inclination le vin avec les graines qui furnageront, & on ne conſervera que celles qui reſteront au fond du vaſe, dans lequel elles auront été lavées.

Cette graine fera enſuite étendue fur différentes feuilles de papier, ou fur une ferviete fine, & on la roulera légérement avec du papier biberon, pour la fécher plutôt.

(*a*) Les perſonnes qui achetent la graine de pluſieurs mains, doivent avoir attention de ne pas la méler.

Le lendemain on diſtribuera chaque once de graine dans une petite boëte de ſapin, au fonds de laquelle on aura mis deux feuilles de papier biberon, & on en mettra auſſi deux feuilles par deſſus la graine.

L'on peut auſſi faire de chaque once autant de paquets dans du vieux linge bien fin, en ayant ſoin de ne pas trop ſerrer la graine, afin que la chaleur ſe communique également partout.

Comment faire éclorre la graine. De toutes les différentes façons de faire éclorre la graine des Vers à ſoie, la plus ſaine pour eux, la ſeule exempte d'inconvéniens, & pourtant la ſeule inuſitée parmi nous, eſt d'en laiſſer le ſoin à la température de l'air par le retour de la belle ſaiſon. Les autres moyens étant peu naturels, ſont contraires à l'extrême délicateſſe de cet Inſecte, & n'ont d'ailleurs d'autre mérite que de ſeconder la manie générale d'avoir des Vers à ſoie hâtifs : manie dont on devroit être déſabuſé, par l'embarras où l'on ſe trouve, lorſqu'étant éclos, il ſurvient des gêlées qui brûlent les feuilles naiſſantes des Mûriers ; ce qui arrive preſque toutes les années vers le milieu du printems. Toute la petite famille eſt alors réduite à jeûner pendant quelques jours, en attendant que les Mûriers repouſſent. Dans cet intervalle elle eſt nourrie comme on peut, avec quelques feuilles à demi échappées au froid. Cette abſtinence forcée affoiblit les Vers à foie, & les retarde dans leurs opérations. On n'eft pas expofé à ce fâcheux contre-teme, lorfqu'on laiffe éclorre la graine d'elle-même, en fe contentant de placer les boëtes dans un lieu naturellement chaud, où le vent ne pénetre pas.

Si la graine eft pliée dans du linge, on la mettra à couver quatre ou cinq jours plus tard, parce que la chaleur y pénetre plus facilement; mais il vaut beaucoup mieux fe fervir des boëtes.

Quoique par cette méthode les Vers à foie éclofent plus tard, que par celles qui font en ufage, ils donnent pourtant leur production dans le même tems que les autres, parce qu'étant plus vigoureux, ils avancent davantage dans leurs mues.

Cette façon fi fimple, fi naturelle, & du fuccès de laquelle je fuis affuré, fera fans doute peu adoptée. Comment détruire le préjugé chez les perfonnes qui prennent foin de faire éclorre la graine ? Les unes la portent dans leur fein; qui pourra leur perfuader que leur tranfpiration eft nuifible aux Vers à foie? D'autres la mettent fous le matelas de leur lit; voudront-elles croire que cette chaleur moite eft mal faine, qu'elle fe reffent auffi de la tranfpiration du corps humain, & qu'elle eft d'ailleurs trop inégale; car on ne refte pas continuellement couché ?

Mauvaifes façons de la faire éclorre.

Quelques-unes fe croyant plus habiles, expofent tout uniment la graine au foleil enveloppée dans un linge. D'autres encore la mettent fous une poule qui gloufle. L'une & l'autre de ces deux façons-ci a une chaleur trop forte qui donne aux Vers à foie un feu intérieur, qui dans la fuite leur occafionne des maladies dont ils périffent.

De tous ces moyens communément ufités, celui de la poule feroit le moins mauvais; fi au lieu de ne lui faire couver que la graine des Vers à foie toute feule, comme l'on fait, on lui donnoit en même tems à couver des œufs. La graine mife dans des boëtes rangées foigneufement fous la paille fur laquelle feroient les œufs, ne reffentiroit qu'une chaleur affez douce, tandis que les œufs recevroient la premiere action de la chaleur extraordinaire de la poule. Mais, je le répete, les Vers à foie feront toujours plus vigoureux, lorfqu'ils éclorront naturellement fans le fecours pernicieux d'une chaleur étrangere.

La graine mife à éclorre doit être vifitée deux fois dans l'efpace des quatre premiers jours, & enfuite régulierement tous les matins.

L'on connoît que les Vers à foie font prets à éclorre, lorfqu'elle devient blanchâtre, de gris cendré qu'elle étoit. S'il s'en trouve alors quelques-uns d'éclos, ils doivent être rejettés, parce qu'ils ne s'accorderoient jamais avec les autres pour leurs opérations communes, ce qui dans la fuite cauferoit beaucoup d'embarras & de peine.

Il faut alors néceffairement placer la graine dans des boëtes, fuppofé qu'elle ait été mife à couver en paquets ; après l'avoir éparpillée également, on met par deffus une feuille de papier un peu fort, découpée à jour, fur laquelle on jette quelques feuilles de Mûriers, pour que les Vers à foie, au fortir de leurs œufs, trouvent de quoi manger. Telle eft la façon de faire, généralement ufitée par les perfonnes qui font éclorre la graine ; mais elles n'ont pas fçu connoître que ce papier tire l'humidité des feuilles de Mûrier, fe cole contre les graines, les moifit & les refroidit ; ce qui empêche les Vers à foie de quitter facilement leurs œufs, & de fortir vigoureufement par les trous du papier.

Pour obvier à cet inconvenient qui contribue beaucoup à l'inégalité de l'âge des Vers à foie, on doit avoir des boëtes, ou corbillots (*a*) faits exprès pour faire éclorre la graine.

____

(*a*) Ces boëtes doivent être d'un bois mince de fapin, profondes d'un pouce & demi.

Au fond, contre le cercle qui en forme le tour, on fixera, à diftances à-peu-près égales, quatre petits morceaux de bois mince, d'un travers de doigt de hauteur,

Quelles
feuillles
de Mû
riers met-
tre dans
las boë-
tes.

Les feuilles de Mûriers que l'on met dans les boëtes, doivent être, ou la reine bâtarde, ou la feuille rose, ou la dorée, toujours de celles qui sont exposées au midi, & des plus tendres : ces especes sont un composé de fibres délicates & glutineuses. C'est ici la premiere fois que nos vermisseaux mangent, gardons-nous de les dégoûter par des feuilles dont la qualité soit grossiere ; ce n'est que de ces especes sauvages qu'ils devroient toujours manger, à l'exception de certains jours, où il faut leur en donner d'une autre qualité.

Les boëtes ayant été garnies de feuilles de Mûriers, seront remises dans le même endroit où elles étoient auparavant : six ou sept heu-

qui serviront de support à une espece de double-fond fait d'un parchemin tendu sur un cercle mince aussi de sapin, qui doit emboëter exactement, & être haut d'un pouce, pour contenir les feuilles de Mûrier que l'on met sur ce parchemin qui sera criblé de petits trous, afin que les vermisseaux, à mesure qu'ils éclosent, puissent passer à travers, attirés par l'odeur des feuilles. Il faut mettre deux attaches contre ce cercle, pour l'enlever plus aisément. Une boëte ronde, de six pouces de diametre, est de la grandeur convenable pour une once de graine. On met la graine au fond de la boëte, dans l'intervalle qui est entre ce fond & le parchemin ; & après avoir mis les feuilles de Mûriers, on ferme la boëte avec son couvercle. Il sera bon d'enduire tout l'intérieur de la boëte d'argile réduite en poudre fine, paîtrie avec de la fiente de vache. Cette pâte donne de la chaleur à la graine, & l'odeur en plaît aux Vers à soie.

rès après, vous trouverez les feuilles four-
millant de Vers à soie. Ils sont alors extrêmement délicats, enlevez-les le plus adroite-
ment que vous pourrez, avec les feuilles de
Mûriers, pour les placer sur des corbeilles :
observez qu'il ne faut jamais toucher les Vers
à soie, quel âge qu'ils ayent ; & que dès le
moment qu'ils sont éclos, ils ont besoin d'ê-
tre fort au large, mais toujours de plus en
plus à mesure qu'ils grossissent.

L'on ne peut, me dira-t-on, avoir par une
seule levée tous les Vers à soie naissans ?

C'est assurément la chose impossible pour
qui n'observe aucune regle à leur éducation ;
& j'ai vû des personnes qui s'y croyoient très-
expertes, être jusqu'à trois jours pour avoir
tous les Vers à soie de deux onces de graine.

Quand ils éclosent ainsi, doit-on être sur-
pris qu'il s'en trouve beaucoup de morts dans
la boëte, & que ceux qui survivent soient
inégaux en âge ? Il en arrivera toujours de
même à quiconque mettra couver une trop
grande quantité de graine dans une boëte :
car à mesure que les vermisseaux éclosent, ils
s'embarrassent les uns les autres par leur multitude. Ceux qui sont au fond de la boëte ont
une peine extrême à percer la foule, pour
parvenir à passer à travers les trous du papier : les uns meurent sans pouvoir y réussir ; les autres épuisés de fatigue, meurent

Inégalité de l'âge des Vers à soie.

bientôt après avoir paffé fur les feuilles de Mûriers, ou demeurent foibles & languiffans.

Ce que j'avance ici n'eft que trop ordinaire, & on ne fçauroit en difconvenir, pour peu que l'on regarde de près dans les boëtes où la graine a été mife ainfi. Que des Vers à foie morts n'y verra-t-on pas!

Cette trop grande quantité de graine eft en même tems la caufe de l'inégalité de l'âge des Vers à foie, parce qu'elle oblige à multiplier les levées qu'on en fait aux boëtes; levées qu'on n'a pas attention de mettre chacune féparément; & ce mêlange fait que d'une même couvée de Vers à foie, les uns font encore à leur premiere mue, tandis que les autres fortent déja de leur feconde : car quelques heures de différence à leur naiffance fuffifent pour que les premiers nés devancent toujours confidérablement ceux qui font éclos plus tard; défordre qui nuit à leur production, & donne des peines infinies aux perfonnes qui les élevent.

J'avoue que le foin de féparer toutes les différentes levées meneroit loin ; mais il faut au moins que la premiere & la feconde foient féparées de la troifiéme & de la quatrieme, ou s'attendre à beaucoup de peine ; & peu de profit.

Bien des perfonnes, pour juftifier la méthode qu'elles ont de mettre à couver une grande

quantité

quantité de graine dans une même boëte, prétendent que lorsqu'il n'y en a pas beaucoup, elle s'échauffe moins, & que les Vers à soie sortent plus difficilement de leurs œufs.

L'expérience m'a convaincu que c'est là une erreur ; mais en supposant même que ce motif fût vraiment fondé, il ne sçauroit compenser les inconveniens facheux que je viens de faire remarquer. La prudence exigeroit donc alors qu'on observât une proportion raisonnable pour tenir un juste milieu. Si une once de graine, par exemple, se trouvoit réellement trop au large dans une certaine boëte, on pourroit la mettre dans une plus petite, de façon que par une seule levée, on eût tous les Vers à soie naissans.

Une autre cause de l'inégalité de l'âge des Vers à soie, est qu'en tirant des boëtes ceux qui sont éclos, on n'a pas soin d'ôter & d'éplucher de bien près les graines, qui, ayant passé par les trous du papier, se sont attachées aux feuilles de Mûriers. Il n'est pas douteux que s'y trouvant colées, & étant mises ainsi dans les corbeilles, ces graines ne donnent des Vers à soie, que la chaleur de la litiere fait éclorre : j'appelle ceux-ci traineurs & ennemis des autres. On ne sera plus exposé à cet inconvenient, lorsqu'on se servira des boëtes que j'ai déja proposées.

Il semble qu'en mettant à éclorre une plus

Autre
cause de
l'inégali-
té d'âge.

Moyen

E

trop def-
avanta-
geux d'é-
viter l'i-
négalité
d'âge.

grande quantité de graine, par exemple, la moitié plus qu'il n'en faut, eu égard aux Mûriers que l'on a, & rejettant ensuite celle qui n'éclorroit pas à la premiere venue, on n'auroit que des Vers à soie vigoureux, & on éviteroit l'inégalité de leur âge, qu'occasionnent les levées réiterées.

Voyons si ce moyen, qui paroît être moins à charge que ceux que je propose, n'est pas contraire à nos interêts. Supposons donc qu'il faut aux habitans d'un Village cinquante livres de graine pour consumer la feuille de leurs Mûriers. Chaque livre de Cocons ne fournit qu'une once de graine; ainsi il sera gardé huit quintaux Cocons; mais comme, pour suivre la méthode supposée, il faudra soixante & quinze livres de graine au lieu de cinquante; l'on y employera donc quatre quintaux de Cocons de plus qui ne donneront que de la filozelle, au lieu qu'ils auroient donné de la soie; ce qui fait une différence d'environ quatre cent francs qu'on fait manquer dans ce seul Village.

Il n'est pas besoin de refléchir beaucoup sur l'étendue de cet objet en général, pour comprendre qu'une pareille méthode nous seroit très-préjudiciable: qu'un ou deux particuliers la pratiquent, cela n'est rien pour eux personnellement ; mais si malheureusement leur exemple est suivi, le mal se multiplie,

& nous énervons considérablement notre industrie.

VERS A SOIE NÉS:

Soins qu'ils demandent.

Les Vers à soie nouvellement éclos ayant été mis dans des corbeilles, seront placés à côté d'une cheminée à laquelle on fera journellement du feu pour entretenir une chaleur égale & modérée à l'appartement : s'il est sans cheminée, servez-vous d'une braziere ou terrasse, dans laquelle vous mettrez de la braise bien brûlée : il vaudra encore mieux avoir pour cet usage un petit poële de brique, & non de fer, placé dans l'endroit où sont les Vers à soie.

L'on tiendra sur les corbeilles une étoffe un peu forte, qui servira de couverture aux Vers à soie ; mais accommodée de façon qu'elle ne les touche pas. Si le tems plus froid ou humide l'exige, on en mettra une seconde par dessus, que l'on fera chauffer par intervale.

Ces Insectes ont besoin d'être tenus chaudement, depuis qu'ils sont éclos jusqu'après leur seconde mue ; mais il faut ne leur communiquer qu'une chaleur modérée, & la leur diminuer ensuite par degré, à mesure qu'ils acquierent des forces en avançant en âge.

Chaleur nécessaire.

On ne fçauroit éviter avec trop de foin l'excès où tombent en cela bien des perfonnes, qui, non contentes quelquefois d'avoir tenu la graine trop chaudement, font fubir le même fort aux Vers à foie, en entretenant un trop grand feu placé en tout tems au milieu de leur loge. Cette chaleur outree leur ôte l'appétit, & fane la feuille qu'on leur donne. Ils n'y courent deffus, fans y mordre, que pour humer le peu de fraicheur qu'elle conferve, qui leur eft un foulagement à la chaleur qui les incommode. De là viennent certaines maladies extraordinaires qui réduifent à un petit nombre de Vers à foie une couvée entiere, à la veille de faire fes Cocons.

Le fort de ceux qui font rouges en naiffant, n'eft pas plus heureux (*a*), n'en attendez aucune production; car ils n'ont pas long tems à vivre, & il n'eft aucun remede pour eux : vous gagnerez beaucoup à les abandonner auffitôt ; effet funefte d'avoir trop chauffé la graine pour la faire éclorre.

Enfin à tout âge les Vers à foie font également incommodés par l'excès du chaud ou du froid, & fur-tout par le paffage fubit de l'un à l'autre.

Nourriture.   L'on donnera à manger aux Vers à foie de douze en douze heures, depuis leur naiffance

______

(*a*) Les bons font noirs & ont la tête d'un noir plus brillant que le refte du corps.

jufqu'aux approches de leur premiere mue.
Pendant les deux ou trois premiers jours, on
leur choifira les feuilles les plus tendres : ils
ne doivent connoître que la petite feuille, c'eft-
à-dire, la fauvage, qu'on leur diftribuera légérement & avec égalité dans leurs corbeilles.
Il faut auffi, pendant cet intervalle, les parfumer de deux en deux jours, une fois le matin
avec du thym, qu'on brûlera dans leur loge :
ce fecours ne leur eft ordinairement pas refu-
fé; bien loin de là, il ne leur eft fouvent que
trop prodigué mal-à-propos.

Ne donnez qu'un peu de jour aux Vers à
foie; depuis leur naiffance jufqu'après leur
troifieme mue, pour les garantir des mouches
& des coufins, qu'ils craignent extrêmement
dans leur âge tendre, & fur-tout lorfqu'ils font
en mue. J'ai obfervé auffi que le grand jour les
empêche de manger avec appétit, & que les
rayons du foleil les incommodent.

Les perfonnes qui cueillent la feuille, doivent auparavant fe bien laver les mains; elles
ne fçauroient les avoir trop propres : la moindre négligence en cela de leur part donne du
dégoût aux Vers à foie.

Les feuilles fort échauffées par l'ardeur du
foleil leur font nuifibles, fi on les leur donne
tout auffi-tôt qu'elles ont été cueillies.

Mais ce qui leur eft infiniment plus contraire, eft de leur donner à manger des feuil-

les humides ; elles font un vrai poifon pour eux, foit que cette humidité vienne de la pluie, des brouillards, de la rofée, ou de ce qu'elles ont été mifes dans un endroit humide. Il en eft de même de la feuille des Mûriers plantés dans un terrein aquatique, comme je l'ai déja dit.

L'on ne doit donc jamais cueillir la feuille que dans un tems fec ; ou fi le tems eft humide, il faut attendre qu'elle ait été féchée par le foleil ou par le vent. Quel âge qu'ayent les Vers à foie, il vaut mieux la leur faire manger un peu fanée, que cueillie humide. Profitez prudemment des beaux jours pour vous en pourvoir ; mais gardez-vous de la mettre en tas, lorfqu'on vient de la cueillir : mettez-la auffi-tôt fur des draps de lit dans un lieu fec & aéré, & éparpillez-la de tems en tems avec les mains ; fans cette précaution, la feve des feuilles, échauffée par l'ardeur du foleil, fermente, & elles contrac-rent un mauvais goût. Il en eft de même, fi on les preffe trop dans les facs où on les met en les cueillant.

A tout âge donnez aux Vers à foie les feuil-les à bouquet, fans les détacher les unes des autres ; mais ne leur donnez jamais le bout des tiges.

Comme il faut une grande quantité de feuilles, lorfqu'après leur quatrieme mue les Vers à foie font à la briffe, c'eft-à-dire, au

fort de leur appétit, précautionnez-vous pour
n'être pas obligé de faire jeûner tout votre
monde; ce qui pourroit leur faire bien du tort
en peu de tems. Si cependant une pluie inespérée
& continue surprenoit votre vigilance, & que
vous ne pussiez avoir que de feuille humide,
faites-la sécher, le mieux qu'il vous sera possible,
sur des linceuls, avec lesquels vous la roulerez
bien. Vous pourrez ensuite la faire manger aux
Vers à soie, en observant de leur en donner
moins à la fois, que si elle étoit cueillie sans humidité, mais plus souvent, afin que peu-à-peu
ils prennent goût pour une nourriture qui ne
leur est ni ordinaire ni naturelle. Il est nécessaire en ce cas de brûler dans leur loge un
verre ou deux d'esprit de vin , au moment que
vous leur aurez donné à manger.

Les mûres en parfaite maturité ont un suc
doux & gluant , qui plaît beaucoup aux Vers
à soie, & qui excite leur appétit : pressez alors
sur la feuille que vous leur donnez, celles qui
se trouvent dans le sac où on l'a cueillie, ou
plutôt donnez-les leur entieres.

Quelquefois les Vers à soie perdent l'appétit, soit pour avoir souffert de froid , soit
par le dégoût qu'ils prennent pour certaine
feuille, soit parce qu'elle aura pris quelque
odeur qui leur déplaît , soit pour avoir trop
mangé. Si vous voyez que l'heure de leur en
donner soit passée, & qu'ils n'ayent point

Dégoût
des Vers
à soie.

achevé celle qu'ils ont fur leur litiere, aug-
mentez-leur le degré de chaleur, & parfumez
leur loge avec du lard que vous y brûlerez.
Laiffez-les ainfi demi-heure fans manger ; &
lorfqu'après cet intervalle vous leur donnerez,
ayez attention que ce foit de feuille de toute
autre efpece que celle que vous leur aviez
donné auparavant. Vous ouvrirez en même
tems les portes à demi, & les fenêtres auffi,
s'il fait beau, & vous les laifferez ainfi un
quart d'heure ; après quoi vous les refermerez.

MUES DES VERS A SOIE.

Depuis leur naiffance jufqu'à ce qu'ils s'en-
ferment dans leurs Cocons, les Vers à foie
paffent par quatre différens états, qui proprement font autant de maladies qui les affoiblif-
fent beaucoup, mais qui leur font naturelles
& néceffaires pour la cuite des parties gluti-
neufes, dont ils forment enfuite leur fil : on
nomme ces maladies mues ou dormilles, parce
qu'ils y dorment réellement, & parce qu'à
chacune ils fe dépouillent de leur peau, pour
en prendre une nouvelle.

Vous avez un figne certain qu'ils approchent de leurs mues, lorfqu'ils font languiffans & luifans ; bientôt ils perdent l'appétit,
& fe cachent fous les reftes des feuilles pour
dormir : ils ont alors la tête groffe, & la

Comment
connoître
qu'ils ap-
prochent
de leurs
mues.

tiennent levée. Dans cet état léthargique, ils ont besoin que la chaleur leur soit augmentée, pour leur donner plus de forces ; ne leur refusons pas ce secours. Ensuite, dès que sortis de leur mue, ils auront été rechangés, diminuons la chaleur à propos, & rendons-la modérée, comme avant qu'ils y entrassent.

Lorsque les Vers à soie dorment, soyez attentif à ne point toucher les corbeilles, ou les claies, sur lesquelles ils sont. Laissez-les tranquilles, à quelque mue qu'ils soient ; de même gardez-vous de leur donner aucune fumigation ou parfum dans ces tems-là : car loin de leur faire du bien, vous en perdriez la plus grande partie.

Il est impossible de déterminer par le nombre de jour, la durée précise des mûes des Vers à soie, & l'intervale de l'une à l'autre. Il y a des années où ils ne restent que deux jours dans l'inaction & sans manger ; d'autres fois, ils dorment trois jours, & même quatre, lorsqu'il regne des brouillards, ou des tems froids ou humides, sur-tout s'ils sont élevés avec peu de soin.

Il en est de même de l'intervale des mûes ; dans telle année, il est de sept à huit jours ; dans telle autre, il est de neuf ou dix ; enfin cela varie souvent dans une même année d'une mûe à l'autre.

Toutes ces différences dépendent beaucoup

de la température de l'air, du dégré de chaleur qu'on a sçu leur ménager, de la situation de leur logement, & en un mot de leur
tempéramment ; mais soyez assuré que plus
ils sont lents dans leurs opérations, moins
ils donnent de produit.

Comment connoître qu'ils en sont sortis. Quoiqu'il n'y ait rien de fixe sur la durée des mues, on a néanmoins des signes
certains qu'ils en sont sortis ; 1°. à la nouvelle couleur qu'ils ont après chaque mue ;
2°. à leur forme, qui différe beaucoup de
celle qu'ils avoient avant que d'avoir mué ;
3°. à leur activité, & à l'empressement avec
lequel ils semblent fuir leur litiere, comme
pour demander à être rechangés.

OBSERVATIONS

Sur les rechanges des Vers à soie.

On rechange les Vers à soie, c'est-à-dire,
qu'on les tire de la litiere sur laquelle ils ont
mué, pour les mettre sur d'autres corbeilles
ou d'autres claies, sur lesquelles ils soient
proprement & toujours plus au large ; parce
que plus ils avancent en âge, plus ils sont
chargés d'humeurs. Quelques corbeilles suffisent à une assez grande quantité jusques après
leur seconde mue ; mais au sortir de leur troisieme, il faut nécessairement les mettre sur
des claies.

L'usage ordinaire est de les rechanger seulement après chaque mue; mais si l'on con-
noissoit combien il est essentiel de leur rendre
plus souvent ce service, sur-tout depuis leur
troisiéme mue, jusques à ce qu'on les mette en cabanes, on ne seroit pas si négligent
à le leur réïterer : au sortir de cette mue ils
commencent à beaucoup manger ; pour peu
qu'on laisse accumuler, sur les claies, leurs
crotes, qu'ils jettent en abondance & les res-
tes des feuilles, il s'en fait bientôt une quantité de litiere considérable, qui fermente d'a-
bord, & les échauffe beaucoup ; outre que
l'odeur qu'elle exhale, les infecte & leur cause
un vrai dégoût, par conséquent on doit les
rechanger au moins une seconde fois, lorsqu'ils approchent de leurs mues ; car on ne
sçauroit les tenir trop proprement.

Les Vers à soie ne seront jamais rechangés avant dix heures du matin : lorsqu'on
voudra faire ce changement, on leur donnera de la feuille nouvellement cueillie ; on at-
tendra ensuite qu'ils l'ayent mangée, & qu'ils
y soient étroitement rangées dessus : alors on
les enlevera doucement avec cette feuille,
pour les placer sur des claies, où l'on aura
mis de la paille bien propre & bien seche ;
cette opération doit être faite promptement,
mais avec précaution : la moindre chûte, ou
la moindre compression leur feroit tort.

Comme de mue en mue ils occupent tou-jours plus de place, on doit avoir attention de referver quelques claies vuides, pour ceux qu'on rechange les premiers ; à mefure que la claie fur laquelle ils etoient eft débarraffée, on la netoye auffitôt pour la faire fervir à d'autres Vers à foie qu'on rechange ainfi fuc-ceffivement d'une claie à l'autre.

Les perfonnes qui en élevent, ne manquent affurement pas à les rechanger après leurs dif-férentes mues ; mais le mal eft qu'ils agiffent en cela fans aucune regle, & fans examiner s'il en eft tems : fauffement prévenues que les Vers à foie ne peuvent être, tous à la fois, en état d'être rechangés, elles s'imaginent qu'il eft indifférent que cela foit fait plutôt ou plus tard.

Cette prévention, fuite naturelle de la fa-çon dont on a fait éclorre la graine, & des levées multipliées qu'on y a fait, engage à leur donner de feuilles trois ou quatre dif-férentes fois fur leur litiere, pour enlever un inftant après ceux qui fe préfentent les pre-miers ; ce qui contribue toujours plus à les rendre inégaux en âge.

Il vaudroit beaucoup mieux les laiffer un jour de plus fur leur litiere après qu'ils ont mué, que les rechanger trop tôt, comme l'on fait communément ; pourvu qu'ils euf-fent été éclos avec les précautions que j'ai dit, on peut être assuré que par la premiere levée qu'on feroit, on auroit tous ceux qui feroient réellement fortis de mue ; & s'il en restoit quelques-uns encore assoupis, on pourroit les abandonner sans regret ; si cependant on vouloit conserver ces traineurs, il n'y auroit qu'à leur donner encore quelques feuilles après avoir rechangé les autres, & six heures après on les rechangeroit aussi ; mais en ayant attention de ne pas les mêler avec les premiers.

PREMIERE MUE.

Les Vers à soie sont à leur premiere mue, presque sans que l'on s'en apperçoive, surtout si on les a fait éclorre avec précaution, & si on les a tenus chaudement depuis qu'ils sont éclos ; pour les préparer à cette mue, il est nécessaire, lorsqu'ils en approchent, c'est-à-dire, quatre ou cinq jours après leur naissance, de retarder l'heure de leur repas ; ainsi, au lieu qu'on leur donnoit à manger de douze en douze heures, ce ne sera plus alors que de quatorze en quatorze, afin de ne les pas fatiguer par une trop grande quantité de feuilles ; & dès que l'on connoîtra qu'ils commencent à entrer en mue, on ne leur donnera plus qu'une fois en vingt-quatre heures ; en leur donnant plus souvent on les rendroit pareffeux : je le répéte, n'oubliez pas, pendant qu'ils font en mue, de leur augmenter le dégré de chaleur pour leur aider à fortir de leur lethargie avec plus de facilité.

Parfum & nourriture. Parfumez, avec du thym, les Vers à foie fortis & changés de cette premiere mue, & vous leur donnerez à manger de dix en dix heures, toujours de la feuille fauvage : vous les parfumerez auffi toutes les fois qu'il regnera des brouillards, ou que le tems fera froid ou humide.

SECONDE MUE.

Plus les Vers à foie avancent en âge, plus ils ont de peine à fe dépouiller de leur peau ; ils ne fortent de leur feconde mue qu'après avoir été plus malades qu'à la premiere, & ainfi fucceffivement de mue en mue.

Parfum & nourriture. Auffitôt qu'ils auront été changés de cette feconde mue, brûlez du lard dans leur loge ; ils fe plaifent à ce changement de parfum. Dès lors auffi donnez leur à manger de huit en huit heures : la feuille rofe fera leur meilleure nourriture.

Lorfqu'on donne à manger aux Vers à foie pendant la nuit, on doit avoir attention de ne pas s'éclairer avec une lampe à huille ; les particules huileufes qui s'évaporent leur font nuifibles ; & fi par mégarde on laiffoit tomber quelques goutes d'huile fur la feuille de Mûriers ou fur les claies, il en coûteroit la vie à un grand nombre de ces infectes précieux ; pour ne pas être expofé à ces accidents facheux, fervez-vous d'une bougie ; ce n'eft pas un objet de dépenfe, ou tout au moins éclairez-vous avec une chandelle.

On a toujours cru que le vrai moyen de hâter l'accroiffement des Vers à foie, étoit de leur donner à manger fans regle & fans mefure, dès qu'ils ont été changés de leur feconde mue : on fe trompe ; cette quantité de feuilles eft prodiguée inutilement ; elle ne fert qu'à les fatiguer, à les déranger, à les dégoûter. Qu'on y prenne garde ; on verra que le plus fouvent ils y courent deffus fans manger, & ne font qu'y digerer celle qu'ils avoient mangée auparavant ; ainfi on ne fait gueres par cette profufion qu'augmenter mal à propos leur litiere, dont l'abondance leur eft très-nuifible, (comme je le difois il n'y a qu'un moment) & s'expofer vainement à manquer de feuille, & à être obligé d'en achetter cherement, plutôt que d'abandonner des Vers à foie, pour lefquels on en auroit eu fuffifamment, fi elle eût été fagement ménagée.

Quoique je dife combien de fois il faut donner à manger dans un jour aux Vers à foie, plus ou moins avancés en âge : je ne prétends pas néanmoins que mes inſtructions, à cet égard, faſſent une regle précife & invariable. Je ſçais qu'ils mangent plus ou moins ſelon leur tempérament , qui dépend beaucoup du dégré de chaleur qu'on leur ménage à propos , de l'expoſition de leur loge, de la façon réguliere dont on les a fait éclorre , & en un mot des foins qu'on leur donne; mais on fera très-bien de ne pas s'écarter , ſans une néceſſité évidente , de la méthode que je preſcris ſur cela.

Précautions néceſſaires aux approches de la troiſieme mue.

La troiſieme mue eſt la plus dangereuſe pour les Vers à foie ; c'eſt lorſqu'ils en approchent que nous devons principalement redoubler nos foins , & nous conformer à leur goût , afin de prévenir la langueur , l'aſſoupiſſement & le dégoût , auxquels ils font ſujets au ſortir de cette mue. Pour les mettre en état de franchir ce pas critique avec plus de vigueur , il faut , dès le troiſieme jour après qu'ils auront été changés de leur ſeconde mue , leur donner une fois de la feuille Reine bâtarde , arroſée avec du bon vin ; un demi verre ſuffit à un ſac de feuilles , qu'on roulera , ainſi arroſées , ſur un linceul.

Au

Au moment qu'on leur donnera cette feuille, on placera au milieu de leur loge un rechaud avec de la cendre chaude fur laquelle on mettra une petite bouteille pleine de vinaigre, dans laquelle il y aura trois ou quatre clous de gerofle, & un morceau de canelle : on renouvellera de tems en téms la cendre chaude à ce rechaud, qui ne fera ôté qu'un jour après que les Vers à foie auront été changés de leur troifieme mue.

TROISIEME MUE.

Parfum particulier.

Lorfqu'on voudra rechanger les Vers à foie fortis de leur troifieme mue, on leur donnera de la feuille Reine greffée. Le même jour qu'ils auront été changés, il faut brûler dans leur loge quelque peu de Storax calamite, autrement dit en larmes ; ou du commun, fi le premier eft trouvé trop cher : le matin du jour fuivant on les parfumera de même une feconde fois.

Ce parfum eft un préfervatif affuré contre les maladies qui attaquent ordinairement les Vers à foie au fortir de cette mue : quelque malades qu'ils foient, quelque defefpérés qu'ils paroiffent, au moment qu'on a brûlé du Storax dans leur loge, & fur-tout

F

du calamite, on voit fortir de leur bouche une goute d'eau jaunâtre & vifqueufe, qui eft cette humeur qui les incommodoit, & de laquelle ils ne font pas plutôt délivrés que leur activité & leur vigeur renaiffent, & qu'ils recouvrent l'appétit. Je ne puis trop recommander ce parfum ; il eft de tous ceux que je connois, celui dont l'effet eft le plus prompt & le plus infaillible.

Au refte, comme l'on pourroit mefufer des différens parfums que je propofe, je dois répéter que jamais il ne faut parfumer les Vers à foie, tandis qu'ils font en mue ; ce feroit le vrai moyen de les faire périr.

Nourri-
ture.

On donnera à manger de fix en fix heures aux Vers à foie fortis & changés de leur troifieme mue. Pendant les quatre premiers jours ils mangeront de la feuille Reine greffée ; mais les jours fuivans on ne leur donnera plus que de la feuille fauvage, foit avant leur quatrieme mue, foit après. Avant qu'ils y entrent, on ne doit pas négliger de leur diminuer le dégré de chaleur.

Je dis de donner de la petite Reine greffée aux Vers à foie, fortants de leur troifieme mue, parce que j'ai reconnu que cette feuille étant naturellement plus feche, & moins nourriffanre que toute autre, leur eft falutaire alors qu'ils commencent à manger beaucoup plus qu'auparavant; elle eft pour eux comme un purgatif qui aide à les garantir d'une efpece de jauniffe, dont je parlerai bientôt.

QUATRIEME OU DERNIERE MUE.

Au fortir de leur quatrieme mue, les Vers à foie font dans leur plus grande vigueur, & mangent voracement, fur-tout trois ou quatre jours après qu'ils ont mué. Ils font alors au fort de leur appétit, c'eft ce qu'on nomme être à la *briffe*, auffi faut-il leur donner fans mefure; ils mangent beaucoup plus de feuille depuis cette derniere mue, jufques à ce qu'ils montent fur les bruyeres, qu'ils n'en ont confumé depuis leur naiffance. Ayez attention qu'ils n'en manquent pas; faites votre provifion pour le jour & la nuit, ainfi que je vous ai déja dit, & ne fouffrez pas qu'ils perdent un repas.

Depuis qu'ils ont été tirés de la litiere fur laquelle ils ont fait cette quatrieme mue, il faut leur donner à manger de cinq en cinq heures, pendant les deux ou trois premiers jours; mais, paffé ce tems, faites leur faire un plus grand nombre de repas; donnez leur de trois en trois heures, ou de quatre en quatre, felon leur tempérament, jufques à

Nourriture.

ce que vous les mettiez en cabane, & toujours de la feuille fauvage. (*a*)

OBSERVATIONS

Sur les deux maladies nommées Vache & Clairete, ou Luifete.

Dès le quatrieme jour, après que les Vers
à foie font fortis de leur quatrieme mue,
ils font à la veille d'avoir befoin d'être mis
en cabanes. C'eft alors que nous devons examiner avec une attention finguliere, fi parmi le
grand nombre nous n'en appercevrons pas,
qui, attaqués d'une efpece de jauniffe, font
languiffans & raccourcis. On nomme *Vaches*
ou *arpians*, en langage vulgaire, ceux qui font

Maladie
nommée
Vache.

(*a*) On a vu dans tout cet ouvrage que je ne re-
connois pour bonne nourriture aux Vers à foie, que
trois efpeces de feuilles fauvages, & la petite Reine
greffée ; néanmoins, comme par ignorance, on a
admis indifféremment dans les plantations de Mûriers, la groffe Reine, la feuille des Flocs, & la
feuille d'Efpagne, je dois avertir les perfonnes qui
ont une trop grande quantité de ces efpeces reprou-
vées pour renoncer à en faire ufage, que le tems
où l'on peut en nourrir les Vers à foie avec moins
d'inconveniens, eft, 1°. depuis qu'ils ont été changés de leur feconde mue, jufques aux approches
de leur troifieme ; 2°. un jour après les avoir changés de leur troifieme mue, pendant deux jours ; 3°.
un jour après les avoir changés de leur quatrieme
mue, encore pendant vingt-quatre heures.

dans cet état. Si malheureusement vous en trouvez, hâtez vous d'en faire le triage, & de les jetter aussitôt ; car c'est là une maladie contagieuse pour eux, & à laquelle il n'y a aucun remede.

Elle leur est occasionnée par une eau visqueuse & acide, qui ayant pénétré dans les deux ampoules ou sacs qu'ils ont aux flancs, & s'y étant mêlée avec la gomme dont ils doivent former leur fil, s'oppose à la perfection de la cuite de cette même gomme, & cause à toutes les parties de l'insecte une tension générale qui lui fait allonger les pieds ; un moment après il devient mou, & bientôt après il se raccourcit & creve sur sa litiere. L'humeur acre qui en sort tue tout autant de Vers à soie qu'elle en touche ; c'est ce que semblent prévoir ceux qui sont attaqués de cette peste ; car ils fuyent les autres, & se retirent toujours aux bords des claies : s'ils n'ont pas le tems ou la force d'y arriver, & qu'ils crevent au milieu de leur litiere, ceux qui se portent bien, les fuyent aussi, & se tirent à l'écart.

Les causes de cette maladie mortelle sont 1°. de leur avoir donné à manger une feuille cueillie humide, ou gardée dans un endroit humide, ou mal propre.

2°. S'ils ont mangé une feuille remplie de fibres ameres & dégoûtantes, telle qu'est celle des Mûriers qui ont moins de cinq ans.

3°. De les avoir nourris d'une feuille trop tendre, tandis qu'ils auroient eu befoin d'une nourriture plus folide, ainfi qu'il arrive prefque toujours, lorfqu'on a la manie d'avoir des Vers à foie hâtifs. On fe procure un Mûrier, qui, à la faveur d'une expofition chaude & avantageufe, pouffe fa feuille prématurément ; il fuffit pour nourrir les Vers à foie, quelque fois jufqu'à leur feconde mue ; mais cette feuille finie, on eft obligé de leur donner d'une autre, qui à peine eft épanouïe, quoiqu'ils ne duffent manger alors que d'une feuille plus avancée.

4°. Lorfqu'on les a laiffés fur la litiere trop accumulée, foit par négligence à les rechanger, foit pour leur avoir donné la feuille trop abondamment, ou lorfqu'au lieu d'emporter leur litiere toutes les fois qu'on les rechange, on en fait un tas dans leur loge.

Maladie nommée Clairete.

Une autre maladie, qu'on nomme Clairete ou Luifete, vient auffi aux Vers à foie, après leur quatrieme mue, parce qu'on leur a communiqué, ou à la graine, un trop grand dégré de chaleur : ceux qui en ont malheureufement reffenti les effets, mangent prefque avec autant d'appétit que les plus vigoureux, & croiffent à peu près de même, avec cette différence, qu'ils s'allongent fans groffir à proportion. Mais lorfque le tems de faire leur Cocon approche, ils fe trouvent fans force & fans gomme ; ils deviennent durs & couleur d'un rouge clair ; quelques jours après, cette couleur fe change en blanc fale, & alors ils meurent. Si dans le nombre il y en a quelques-uns qui ayent encore affez de force pour commencer leur Cocon, ils ne parviennent pas à le former ; bientôt ils meurent, après avoir jetté fur les bruyeres quelques filaffes inutiles.

Les parfums, fur-tout celui de Storax calamite, peuvent tirer d'affaire partie des Vers à foie atteints de cette maladie ; mais il n'y a pas grand produit à en efperer.

On connoît à l'avance les Vers à foie qui ont de la difpofition à devenir clairetes, par une goute d'eau vifqueufe qu'ils laiffent tomber par leurs filieres, avant ou après leur troifieme mue.

MATURITÉ DES VERS A SOIE.

Attention néceffaire alors : quand &
comment former leurs cabanes.

Sept à huit jours après leur quatrieme mue, nos infectes font au point de maturité ; c'eft-à-dire, qu'ils font prêts à faire leurs Cocons : gorgés alors de gomme, ils font comme tranfparents & couleur de la foie, & perdent l'appétit ; ils fuyent leur litiere,

& cherchent à grimper pour attacher leur fil. C'est ici le moment où ils vont payer tous nos soins ; mais avant que d'y arriver, ils nous demandent encore quelques secours, que nous devons leur donner aux dépens même de notre sommeil.

Aussitôt qu'ils commenceront à devenir de cette couleur paille, ou pour mieux dire, quatre jours après qu'ils auront été changés de leur quatrieme mue, il faut placer quelques bruyeres de distance en distance sur les claies. Je nomme ces bruyeres des signaux, parce qu'elles servent à connoître quand sera le tems de mettre les Vers à soie en cabanes : nuit & jour, jettez souvent un coup d'œil sur ces signaux ; & du moment que vous y appercevrez des Vers à soie dessus, hâtez-vous de former les cabanes.

Cabanes.

Ces cabanes, qu'on nomme aussi fourneaux, ne sont autre chose que quelques plantes bien seches de thym, de lavande, ou d'autres plantes odoriférantes, que l'on dispose, en guise de petites voûtes, sur les claies rangées par étage, sur lesquelles ont été nourris les Vers à soie. On affermit ces bruyeres, en les attachant aux baguetes des claies. Chaque cabane doit avoir deux pieds de largeur en quarré, & être garnie par les côtés avec du chiendent, & au fond avec de la paille bien propre & bien seche.

On se tromperoit fort, si l'on croyoit qu'il

suffit de faire ces cabanes sur les mêmes claies où sont les Vers à soie, sans autre soin que d'y arranger les bruyeres par dessus la litiere. Ces mêmes claies servent bien, mais ce n'est qu'après en avoir tiré les Vers à soie que l'on veut mettre en cabanes. Pour cela on aura un ou deux étages d'autres claies qui soient libres, sur lesquelles on commencera à former plusieurs rangs de cabanes, où l'on placera les Vers à soie, à mesure qu'on les ôtera de dessus les claies où ils sont depuis le dernier changement qu'on a fait; & dès qu'il y aura ainsi une claie débarrassée, on la déplacera pour la nettoyer exactement, & la frotter avec un bouquet de thym ou de lavande; après quoi étant remise à sa place, on y fera des cabanes dessus, & ainsi successivement d'une claie à l'autre. Tout cela doit être fait par des mains bien propres, qui auront souvent recours au fagot de thym, ou de lavande, suspendu au plancher.

On ne sçauroit croire combien il est essentiel de ne mettre les Vers à soie en cabane que lorsqu'il en est vraiment tems; trop tôt ou trop tard on perd également la production qu'on en attend : c'est pourtant à quoi l'on ne fait communément guere d'attention.

Si on les met trop tôt, il s'ensuit que mangeant trop long tems dans les cabanes, ils y font une grande quantité de litiere, dont la chaleur naturelle augmentée par celle de la

Ne mettre les Vers à soie en cabane ni trop tôt ni trop tard.

saison les incommode, & dont la mauvaise odeur les affoiblit. Pour se tirer de cette situation désagréable, ils se hâtent de monter sur les bruyeres : aussi-tôt qu'ils y sont dessus, ils voudroient commencer leurs Cocons ; mais leur gomme se trouvant encore durcie, parce qu'elle n'est pas suffisamment cuite, ne peut couler par leurs filieres : les efforts qu'ils font dans cet état pour la faire sortir, les obligent à se rouler & à se tordre ; mais vainement ils s'agitent, ils ne font que se morfondre ; & après avoir laissé quelques baves inutiles sur les bruyeres, ils s'y accrochent & y meurent.

De même, si l'on met trop tard en cabanes les Vers à soie parvenus à leur maturité ; n'ayant alors plus besoin de manger, mais cherchant uniquement à pouvoir travailler, s'ils ne trouvent rien pour attacher leur fil, & donner un point d'appui à leur Cocon, ils ne peuvent se débarrasser des parties glutineuses destinées à former ce fil, desquelles ils sont gorgés, ce qui leur cause un gonflement qui les fait raccourcir, & les met hors d'état de faire leur ouvrage. En vain met-on sous quelque peu de foin, ou de chiendent, ceux qui sont ainsi étranglés (*a*) & raccourcis, dans l'espérance que s'y trouvant plus resserrés & couverts, ils reprendront des

(*a*) C'est le nom qu'on donne à ceux qui sont dans cet état.

forces ; la plûpart meurent bientôt, & les autres ne donnent qu'un tiſſu imparfait & irrégulier jetté au hazard, ou tout au plus une chique, qui eſt un Cocon qui n'a preſque point de ſoie, encore eſt-elle de la plus mauvaiſe qualité.

NOURRITURE DES VERS A SOIE EN CABANES.

Néceſſité de leur donner de l'air.

Les Vers à ſoie ne ſeront nourris dans leurs cabanes qu'avec de la feuille ſauvage, ou à défaut avec la Reine greffée. On leur donnera à manger plus ſouvent qu'auparavant qu'ils y fuſſent ; mais moins abondamment, parce que les uns monteront ſur les bruyeres, & que les autres, à la veille de ſuivre leur exemple, commenceront à perdre l'appétit.

Dès que tous les Vers à ſoie d'une cabane ſont montés ſur les bruyeres, il faut la nettoyer entierement de leur litiere, mais avec circonſpection & ſans bruit. Si l'on remuoit les bruyeres, ou ſi l'on faiſoit le moindre bruit, on dérangeroit les Vers à ſoie, qui aiment toujours à être tranquilles ; mais ſurtout quand ils travaillent. Si l'on néglige d'ôter cette litiere, ſa chaleur empêche les Cocons de ſe durcir, & eſt en même tems contraire aux Vers à foie, qui font derniers à monter fur les bruyeres.

Depuis qu'ils ont été mis en cabanes, jufques à ce qu'ils ayent achevé leurs Cocons, il faut leur donner de l'air pendant le jour: y manquer ce feroit vouloir perdre le fruit de tous les foins qu'on leur a donné : ouvrez donc les fenêtres de leur appartement, quand il fera beau ; s'il fait du vent, laiffez fermées celles du côté où il donne, & mettez des rideaux fur les autres ; fi le vent eft trop fort, ou fi le tems eft humide, tenez les fenêtres fermées, & ne donnez de l'air à la chambre que par la porte : les fenêtres étant ouvertes, prenez garde que le foleil ne donne fur les cabanes.

Pratiquez exactement ce que je viens de dire : car fi l'air de la loge des Vers à foie eft trop chaud, ils monteront bien fur les bruyeres ; mais cette chaleur immodérée empêchera la coagulation de la gomme qu'ils font couler par leurs filieres, & en même tems, elle les rendra nonchalants à filer : bientôt ils refteront fur les bruyeres, & s'y coleront fans travailler ; fuffoquez alors par cette gomme dont ils font remplis, & dont ils auroient befoin de fe délivrer, ils ne tarderont pas à mourir.

C'eft auffi par le manque d'air qu'il y a fouvent des Cocons, dans lefquels les Vers

à foie meurent avant que de les avoir ache-
vés ; on les nomme mufcardins, plâtrés , ca-
nelés ou canelats , parce qu'en effet ils ref-
femblent à un canelat , ou à un morceau de
plâtre.

Sevrer les Vers à foie ; ôter les Cocons des bruyeres.

On fevre les Vers à foie deux ou trois
jours après qu'ils ont été mis en cabanes,
en raffemblant de l'une à l'autre ceux qui
font plus tardifs à monter fur les bruyeres.
Je m'explique : avez-vous, par exemple, quatre ou cinq cabanes, dans lefquelles il ne
refte que quelques Vers à foie pareffeux :
mettez les tous dans une feule, ou dans deux,
& ainfi à proportion.

Le Cocon n'eft parfaitement formé que fept
à huit jours après que le Vers à foie eft mon-
té fur les bruyeres. On trouvera fans doute
que je demande ici beaucoup de tems, eu
égard à celui qu'on donne ordinairement aux
Vers à foie, pour finir leur ouvrage, dans la
prévention où l'on eft que les Cocons fe fe-
chent, & perdent de leur poids, fi on les
laiffe fur les bruyeres plus de trois ou quatre
jours. Mais on reconnoîtra aifément la fauf-
feté de ce préjugé, fi l'on obferve qu'en laif-
fant les Cocons fur les bruyeres, deux &
même trois jours plus qu'on ne fait ordi-

Tems d'ôter les Cocons.

nairement, les Vers à soie qu'ils renferment, ne changent pourtant pas encore de forme; d'où l'on doit conclurre qu'ils n'employent point inutilement ce tems. Ce n'est donc qu'en le leur donnant, que l'on a un tissu parfait de leur fil; au lieu que par un empressement déplacé à mettre à bas les cabanes, on dérange ces Insectes, leurs Cocons restent encore mous, & sont moins fournis de soie.

Pour vous convaincre de la vérité de ce que je dis, ouvrez un Cocon tiré des bruyeres avant le tems que je prescris : vous verrez que la chenille qui y est renfermée, bien loin d'avoir pris la forme d'une féve, comme celles qui ont fini leur ouvrage, est encore tout de même qu'elle étoit avant que d'être montée sur les bruyeres. Voulez-vous une preuve encore plus forte ? Ouvrez cette chenille, vous trouverez dans sa capacité une eau jaunâtre & gluante, destinée à dorer le Cocon, lorsqu'il est fini. Ces insectes en reservent pourtant, dans la bourse ou poche qu'ils ont sous leurs filieres, quelques goutes, qui leur servent ensuite à percer leurs Cocons, lorsque métamorphosés en papillons, ils veulent sortir de cette cellule admirable, pour étaler à nos yeux l'éclat passager de leur nouvelle forme, de laquelle ils ne jouissent que le tems qu'il leur faut pour nous laisser des œufs qui contiennent une autre génération de Vers à soie.

L'ART
DE MULTIPLIER
LA SOIE.

TROISIEME PARTIE.

OBSERVATIONS

Sur le Tirage des Soies.

IL manqueroit sans doute quelque chose à l'utilité de cet ouvrage, si, après avoir donné les instructions nécessaires pour rendre le produit des Vers à soie abondant & assuré, je ne faisois connoître aux personnes qui font de petits Tirages, ce qu'elles doivent observer pour tirer la Soie dans sa perfection. La plûpart ignorent combien les fautes qu'elles font, portent préjudice aux grandes Fabriques qui achetent cette Soie pour l'apprêter, & par contre-coup aux Manufactures qui la mettent en œuvre. C'est pour mettre ces personnes qui ont de petits Tirages en état de se corriger, que j'écris cette troisiéme Partie, & pour leur apprendre à éviter dans le Tirage de la Soie des défauts toujours occasionnés par une direction mal entendue, ou par une confiance déplacée en des ouvrieres, qui bien souvent sont encore moins au fait de leur ouvrage, que le particulier pour lequel elles travaillent.

Lorsque la Soie n'est pas tirée dans les regles de l'art, elle est d'un vitrage imparfait, ou gommée, baveuse, inégale, bouchoneuse, mêlée, plate & mal rangée sur le tour : nous verrons d'où naissent ces défauts, & comment il faut les éviter, après que j'aurai parlé de la façon d'étuver les Cocons & de les trier.

Pourquoi & comment étuver les Cocons.

Il seroit très-avantageux de pouvoir faire tirer les Cocons frais, sans les passer à l'étuve ; ils rendroient bien plus de Soie : mais cela est impossible, sur-tout dans un achat, qui, étant considérable, oblige les propriétaires des Tirages d'amasser de Cocons de neuf à dix lieues loin. Leur plus grand empressement doit être d'étuver ceux-ci, sans en garder de frais pour fournir à la filature journaliere, pour laquelle on ne doit même reserver que des Cocons

achetés

achetés fur les lieux où eft le Tirage, & qui n'ont point été échauffés par les ardeurs du foleil, en les voiturant ; car du moment que le papillon a touché au Cocon pour travailler à en fortir, on ne peut plus le filer jufqu'au bout. Par conféquent plus on diffère de les étuver, moins ils rendent de Soie. Ce qui prouve combien il eft néceffaire de hâter cette opération.

Les Cocons peuvent être étuvés de trois façons.

1°. En les expofant quelques jours au foleil ; mais il eft difficile de tuer entiérement le Ver : fi l'on y parvient, la Soie en eft plus matte & moins luftrée.

2°. En les paffant dans un four. Cette méthode d'étuver ne convient qu'aux Piémontois, qui font encore nos maîtres dans les Tirages de Soie ; d'ailleurs elle brûle les premiers brins des Cocons, & énerve la Soie, fi l'on n'en a pas une parfaite connoiffance, que la feule expérience peut donner.

3°. A l'eau bouillante, ou bain-marie. C'eft la façon la plus ufitée & la moins dangereufe pour les Cocons & la Soie.

L'on conftruit exprès pour cela un grand fourneau de brique, ou de pierre, au milieu duquel eft pofée une chaudiere de cuivre de trois ou quatre pieds de profondeur & de diametre, qui eft furmontée tout autour par le maffif à un pied & demi de hauteur : à demi-pied au deffus des bords de la chaudiere, on fixe deux petites barres de fer en croix, & le pied reftant d'élevation eft terminé par un couvercle plat en bois, qui doit emboëter exactement, pour empêcher toute iffue aux vapeurs de l'eau de la chaudiere, lorfqu'elle bout.

L'on a plufieurs cerceaux de demi-pied de hauteur & de la largeur de la chaudiere, garnis en guife de tamis, d'une toile groffiere & fort claire que l'on remplit de Cocons. On en place fucceffivement un fur les barres de fer qui croifent la chaudiere, & l'on met auffi-tôt le couvercle. Chaque cerceau doit refter ainfi dans l'étuve trois ou quatre minutes : c'eft le tems à-peu-près qu'il faut pour tuer les Vers ; mais pour n'y être pas trompé, l'on palpera par intervalle les Cocons dans l'étuve, pour les en tirer dès qu'ils obéiront fous la main, & les mettre enfuite à fécher fur des claies.

Les Cocons ne doivent paffer par l'étuve, qu'après qu'on aura fait trier exactement les plus foibles & les tâchés : fans cette précaution, chacun de ceux-ci qui fe trouveroit mêlé avec les bons, en gâteroit trois ou quatre dans le tamis ou cercle de l'étuve.

Comment on fait le triage des Cocons étuves ou frais, pour en tirer ensuite la Soie.

Nous avons bien de differentes especes de Cocons, mais je ne parlerai que de quatre, qui sont celles qu'on connoît communément sous les noms de premiere espece, veloutés, chiques, & doubles ou doupions. Chacune doit être filée séparément, parce qu'elles different toutes par le plus ou le moins de force dans leurs brins, & qu'elles demandent à l'eau dans laquelle elles sont retirées, un degré de chaleur différent, ainsi que je le démontrerai.

L'on aura des *trieufes* auxquelles on donnera d'abord la connoissance des Cocons. Elles commenceront à les *déblazer* tous ensemble, en les battant avec les mains, pour en avoir le duvet ou bave : cela fait, les *trieufes* sépareront la premiere qualité, qui est ferme, cerclée au milieu & picotée d'un petit grain égal ; ensuite les veloutés, qui sont dorés au dessus & moins forts que les autres ; successivement les foibles & les chiques, qui sont aisés à connoître par leur forme & leur mauvaise qualité ; & enfin les doubles.

Position de la Bassine ou Chaudiere sur son fourneau.

La bassine dans laquelle on tire les Cocons, doit être toujours ovale, & non ronde ; elle penchera d'un demi-pouce du côté de la Tireuse. Cette précaution est nécessaire pour donner à l'ouvriere un peu plus d'aisance dans son travail.

Construction des Tours à tirer la Soie, pour éviter la longueur des écheveaux & le vitrage imparfait.

La roue du Tour ne doit avoir que cinq pieds deux pouces de circonférence. Sans cette proportion, les écheveaux qui s'y forment, sont trop longs, & ne peuvent être montés sur les *tavelles,* ou devidoirs des Fabriques, qu'à l'aide des canons qu'on est obligé de mettre au bout de chaque baguette ; ce qui, en chargeant la tavelle, lui fait perdre son équilibre, & cause un déchet considérable au devidage.

L'on ne sçauroit éviter le vitrage imparfait des soies, qu'en se servant de tout autres tours que ceux avec lesquels on la file communément ; ou du moins en plaçant à ceux-ci une trompe en bois à la Piémontoise, qui prend du bout de l'axe & de ſon montant au pivot qui mene le mouvement. Ce mouvement eſt une étoile de trente-cinq dents, qu'une de vingt-cinq attachée au bout de cette trompe fait mouvoir : il y a encore une étoile de vingt-deux dents au mandre de l'axe, qui engraine dans une pareille qui eſt attachée à la trompe & à l'oppoſite des deux premieres; ces changemens peuvent être faits aux anciens tours à peu de fraix.

Il eſt un tour à tirer la ſoie bien plus parfait que ceux dont nous venons de parler, c'eſt celui de Mr. Vocanſon : l'arrangement en eſt admirable, l'on trouve dans ſon exécution des avantages multipliés. Une double *croiſade*, une fourchette qui eſt une main maîtreſſe, des proportions les plus exactes; tout eſt enfin dans ce tour un modele de perfection qui merite des éloges, & la préférence ſur tous les autres. Il conviendroit, pour l'utilité publique, & le bien-être de nos ſoies, que l'on expoſât ces différens tours en foire de Beaucaire & ailleurs, afin que les particuliers qui font tirer la ſoie puſſent examiner les premiers, & admirer celui de Mr. Vocanſon.

Qualité de l'eau pour rendre les ſoies luſtrées, moyen d'éviter la gomme aux ſoies.

Pour n'avoir pas des ſoies gommées & les

rendre luſtrées, il faut ſe ſervir au tirage de l'eau courante, elle eſt battue & purifiée par l'air qui en tire toute la crudité.

L'eau de puits fait la ſoie *dure & lourde*, attendu qu'elle n'eſt point aſſez douce pour aider au brin à ſe détacher avec facilité du Cocon ; mais au cas où l'on n'en auroit pas d'autre, faites faire un grand reſervoir qui contienne de l'eau pour une journée : vous le tiendrez toujours bien rempli, afin qu'elle puiſſe dépoſer, & vous y mettrez de la paille longue qu'on changera tous les trois jours. Il y aura auſſi dans l'endroit où l'on filera, une fenêtre de trois pieds de hauteur, qui ſera placée entre l'eſpace de la *canette* ou épée du tour à ſa roue, afin que l'air puiſſe ſecher la glu naturelle au brin à meſure qu'il ſort de la baſſine, & diſſiper les vapeurs du charbon & du bois qui s'attachent aux écheveaux. Il ne faut pas non plus qu'il y ait d'aucune eſpece d'arbres dans l'enceinte d'un tirage, ils y entretiennent une fraicheur humide contraire à la ſoie.

D'où provient la bave aux ſoies & leur mélange, & inegalité ; pourquoi font-elles plates & non rondes.

Les ſoies ſont baveuſes & inégales, ſi la *Tireuſe* ne file point également chaque bout,

& si elle ajoute à trois ou quatre Cocons,
qui forment un fil imparfait, cinq ou six autres brins à la fois, au lieu de trois qu'il y
manque pour le rendre dans sa perfection.
La Tireuse s'appercevant, mais toujours trop
tard, que les deux bouts ne sont point égaux,
l'un ayant les six brins qu'il lui faut, & que
l'autre auquel elle vient d'*appondre* en a huit
à neuf, ne différera peut-être pas de ranger
ce dernier en le diminuant : mais les deux
différentes qualités de soie ne sont pas moins
montées sur la roue du tour ; le fil qui n'a
été filé en premier lieu, qu'à trois Cocons,
y donne la bave & successivement un gros
bout, parce que l'on y a ajouté cinq à
six brins, au lieu de deux ou trois qu'il en
manquoit. N'est-ce pas là un mélange des
plus imparfaits, & que l'ouvriere *Tireuse* évitera, si elle veut avoir attention de n'appondre, ou ajouter au fil de la soie que deux
brins ou Cocons à la fois, d'être toujours
pourvue de bons brins, & de faire arrêter
absolument la tourneuse, lorsqu'elle en man-
quera & qu'elle voudra *battre* les Cocons ?
Cette regle évitera encore un défaut qu'on
appelle bouts *baisés* ou *mariés*, & qui sont
toujours la suite funeste d'une trop grande
quantité de brins que la *Tireuse* appond ou
ajoute à la fois à l'un des bouts qu'elle file, &
qui par leurs inégalités se joignent ensem-

ble , celui qui eſt plus foible étant de néceſſité emporté par le plus fort.

Les Tireuſes doivent croiſer les ſoies juſqu'à
ſeize tours de main , c'eſt le moyen de les
rendre *rondes* : j'ai d'ailleurs ſouvent éprouvé
qu'un bout de ſoie, auquel il y a un & même deux Cocons de plus qu'il ne faut, paroît auſſi fin, s'il eſt bien croiſé, qu'un autre
où il y en a moins, & qui n'eſt croiſé qu'à demi.

Moyens pour éviter le déchet dans le Ti-
rage : Comment battre & purger les
Cocons.

Le propriétaire du Tirage doit prendre garde que les *Tireuſes* ne mettent dans la baſſine
une trop grande quantité de Cocons, pour les
battre tous enſemble : la plûpart, peu ſoigneu-
ſes de l'intérêt du maître, rempliſſent dans
cette opération leur chaudiere de Cocons, qui,
reſtant trop de tems dans l'eau, s'affoiblif-
ſent, & ſe réduiſent à un déchet très-conſi-
dérable.

Dès que la *Tireuſe* aura fini ſa battue, &
qu'elle verra les brins de Cocons attachés à
ſon balai, elle les en détachera ; & les tenant
de la main gauche, elle coupera avec la main
droite tous les brins inférieurs à ceux qui ſont
encore attachés aux eſtraſſes. Ces premiers ſont
naturellement *purgés* ; & après les avoir mis

à l'écart, la *Tireuse* mettra dans le même ordre les brins qui lui seront restés à la main
gauche, attachés encore aux estrasses, pour
parvenir à les en séparer : elle plongera quatre ou cinq fois les estrasses dans l'eau de la
chaudiere ou bassine, afin que la chaleur puisse
aider aux brins à s'en détacher, & être *purgés* de toutes leurs parties crasses ; mais tout
cela doit être fait sans que la *Tireuse* éleve
trop la main au dessus de la bassine.

Il est peu de Tireuses qui ne tombent dans
un défaut très-préjudiciable au propriétaire,
lorsqu'elles battent les Cocons, pour en avoir
les brins : car il est d'usage chez celles qui ne
sont pas assez instruites, de ne battre jamais
une seconde fois les Cocons qui sont dans la
bassine, sans y mêler une ou deux poignées
de ceux qu'elles ont dans leurs paniers. Comme
cet article est essentiel, entrons dans un détail
qui puisse servir de regle.

Quelque adroite que soit la *Tireuse*, il ne
lui est pas possible d'attacher au balai tous les
brins de Cocons qui sont battus pour la premiere fois, & d'en tirer du premier coup de
main toute la soie. On nourrit les bouts qui
filent, tant que la Tireuse a des brins ; mais
aussi-tôt qu'elle en manque, elle fait arrêter la
Tourneuse, pour battre une seconde fois les
Cocons qui sont éparpillés dans la bassine :
c'est alors que bien loin de recourir à ceux

du panier, comme on le pratique ordinairement, la *Tireuse* doit battre tout uniment les
Cocons qui sont dans la chaudiere, pour les
filer successivement ; & quand après il n'y en
reste plus qu'un certain nombre, elle observera d'ôter ceux-ci de la bassine, pour y faire
une nouvelle battue des Cocons du panier. La
Tireuse continuera ainsi son travail jusques
vers le soir ; mais avant de finir sa journée,
elle prendra les Cocons qui auront été tirés de
la bassine en différentes fois, pour les filer tous
ensemble. Le propriétaire évitera par là un déchet exorbitant qui se fait dans le Tirage, sans
les précautions susdites ; car si l'on mêle les
Cocons neufs avec ceux qui sont dans la bassine filés à demi, ou qui ont resté quelque
tems dans l'eau chaude, il faut de nécessité
faire essuyer à ces derniers pour la seconde
fois autant de coups de balai que ceux que
vous battez pour la premiere, qui, étant naturellement plus durs, doivent être battus plus
long tems. Il est assuré qu'on ne sçauroit en
avoir les brins, sans percer & blazer entiérement les autres. La méthode que nous venons
de prescrire, ne regarde point les Cocons
chiques.

Comment éplucher les Soies sur le Tour, sans les éguiller : *Quand en tirer les écheveaux.*

La roue du tour étant arrêtée pour croiser & ranger les bouts de Soie, & pour entretenir à l'eau le degré de chaleur nécessaire à chaque qualité, la *Tireuse* prendra ce tems pour nettoyer la Soie, en la purgeant de ses coftes, ou bouchons, s'il y en a, sans se servir pour cela d'une éguille, ou d'un poinçon, dont l'usage est d'autant plus pernicieux, que, rompant quantité de fils, il se forme dans le dévuidage des Fabriques beaucoup de nœuds aux Soies qui les rendent mal-unies. Voilà ce qu'on appelle *éguiller* les Soies.

Il ne faut pas non plus permettre à la Tireuse de *licher* les écheveaux sur le tour, ni avec l'eau pure, ni autrement : cette frauduleuse précaution en cache les défauts, & forme sur le fil de soie une espece de gomme qui empêche le propriétaire de voir si elles sont bien filées, bien rangées & sans bouts.

Chaque écheveau étant bien sec, sera ôté du devidoir & plié à deux tours de main, en faisant passer seulement une tête dans l'autre, afin qu'on puisse plus aisément connoître si elles sont filées dans les regles.

Le propriétaire du Tirage doit avoir at-

tention que chaque *Tireuse* tienne, en tra-
vaillant, sa bassine bien rangée, & toujours
sous sa main les Cocons qui ne filent pas,
de façon qu'il n'y ait au dessous du fer ou
filiere, dans lequel les brins passent, que ceux
qu'il faut pour former les bouts, sans permettre qu'ils soient mêlés avec les autres. Ce défaut d'arrangement de la part de la Tireuse
lui sert d'excuse, & empêche le propriétaire de
voir s'il n'y a aux bouts que les Cocons qu'il
leur faut ; ce qu'il ne sçauroit connoître, lorsque ceux qui filent sont indifféremment mêlés avec les Cocons qui sont nouvellement battus, ou qui ne le sont du tout point.

Ce que j'ai avancé jusqu'ici, regarde également toutes les différentes qualités de Soie,
les veloutés & les chiques.

Comment on doit tirer la premiere qualité de Soie, & empêcher qu'elle soit sale & brûlée.

Les Cocons de la premiere qualité seront
destinés pour faire une Soie fine, tirée seulement de cinq à six Cocons, & qui, organsinée
à trois bouts, pesera *à l'épreuve* quarante-huit
deniers.

Le degré de chaleur qu'il faut donner à
l'eau dans laquelle on file les Cocons, est sans
contredit la cause primitive de la beauté ou

de l'imperfection des Soies. Il faut aux différentes qualités un degré de chaleur à l'eau entiérement différent de l'une à l'autre.

La Soie eſt brûlée, lorſque l'eau des chaudieres n'eſt point aſſez chaude ; la gomme des Cocons qui ne ſe diſſout que difficilement, ne pouvant alors ſe lier avec leurs brins, ils ne ſont pas nourris, & la Soie n'a ni force ni nerf. Faiſons connoître les cauſes de ces défauts.

La *Tireuſe* s'appercevra que l'eau de la chaudiere n'eſt point aſſez chaude, lorſque les brins qu'elle voudra *appondre*, ou ajouter au bout qui file, ne s'y attacheront pas, & n'en ſuivront le fil qu'avec peine. Ces mêmes brins reſteront ſouvent ſur le doigt de la *Tireuſe* ; les Cocons qui ſont dans la baſſine, s'écarteront les uns des autres, & la Soie qui montera dans cet intervalle ſur la roue du tour, ſera brûlée & d'une couleur rougeâtre.

La Soie des Cocons de la premiere qualité eſt ſale & bouchoneuſe : ſi l'eau de la baſſine ſe trouve à un degré de chaleur trop fort, la diſſolution de la gomme ſe fait ſans ſuite ; les Cocons ſe blazent, & les brins s'en détachant ſans ordre, forment des écheveaux ſur leſquels on ne trouve que coſtes & bouchons.

La fileuſe connoîtra que l'eau de la chaudiere eſt trop chaude pour y filer ſes Cocons, lorſqu'il y aura ſur la ſurface une petite écu-

me blanche; les Cocons dont elle ne peut dif-
poſer à ſa volonté, fuſeront juſqu'à *l'épée* du
tour.

L'on ne doit jamais mêler dans la baſſine
les différentes eſpeces de Cocons, pour les y
filer enſemble : car comment pouvoir attein-
dre au point de les y accorder pour le degré
de chaleur, puiſqu'il eſt aſſuré que ſi les veloutés trouvent l'eau convenable, ils fileront
bien ; mais les brins des bons & premiers Cocons, qui s'en détacheront dans le même tems,
feront énervés, parce qu'ils trouveront l'eau
trop chaude ; & par la même raiſon, lorſque
la chaleur ſera telle qu'il la faut aux Cocons
de la premiere qualité, les brins de Soie que
donneront les veloutés, feront brûlés, l'eau
étant trop froide.

La Tireuſe aura donc attention de tenir un
juſte milieu dans le degré de chaleur qu'elle
donne à l'eau, afin qu'en filant les différentes
qualités de Soie, les brins puiſſent ſe détacher
des Cocons, facilement & avec égalité.

La baſſine ou chaudiere doit toujours être
remplie d'eau, lorſqu'on y travaille : le propriétaire trouve à ce ſoin de la part de ſes
Tireuſes un double avantage, puiſqu'on évite
par là que les Cocons qui touchent & s'ap-
puyent même contre le cercle de la baſſine,
ne ſe brûlent, ſi elle manque d'eau ; & qu'il
s'enſuit encore que les mêmes Cocons étant

battus, il s'en verse toujours un peu, qui emporte les parties crasses de celle qui reste dans la bassine.

J'aurois avancé inutilement qu'on peut faire tirer tout frais les Cocons qu'on amasse sur les lieux où sont les Tirages, si je ne donnois le secret pour empêcher que la Soie ne soit bouchoneuse. C'est ce qui arrive infailliblement, lorsque la Tireuse n'est point prévenue de laisser journellement, tant qu'elle tire des Cocons frais, un tiers d'eau sale dans la bassine toutes les fois qu'elle la changera : sans cette précaution, les Cocons *fuseront* continuellement, parce qu'ils ont tout leur feu, la Soie en sera bouchoneuse & ébourrée ; mais comme l'eau sale manque, lorsque le Tirage commence, la *Tireuse*, aussi-tôt qu'elle aura fait quelques battues de Cocons, pressera dans la chaudiere deux ou trois poignées des Vers qu'elle aura sous sa main.

L'eau des chaudieres sera changée trois fois par jour pour les Soies fines & veloutées, & six fois pour les chiques.

Tirage des veloutés seuls & séparément des Cocons de la premiere qualité.

Les Cocons veloutés sont plus foibles que les autres, & moins chargés de soie ; il faut, en les tirant, donner à l'eau le degré de chaleur plus fort qu'aux bons, afin que la diſſolution de ſa foible gomme s'en faſſe ſubitement, & dans le même tems où elle doit ſe lier aux brins, qui, étant plus foibles que ceux des bons Cocons, doivent en être filés ſéparément, & au nombre de huit à neuf; cette Soie ſera *croiſée* juſques à vingt tours de main, afin qu'elle n'ébourre pas lorſqu'elle ſera miſe en œuvre dans les fabriques de Lyon. On peut l'organſiner à trois bouts, & ſon poids ſera de *cinquante-deux deniers*.

Comment on tire les Chiques.

J'appelle le produit des Chiques, ſoies *fagotines*, parce que c'eſt de tous les Cocons le plus inférieur, & d'une très-mauvaiſe formation. La Tireuſe ne ſçauroit en régler les brins que difficilement; mais j'ai pourtant trouvé le ſecret de rendre cette Soie auſſi luſtrée que les autres, & d'en faire un *rizardi* à deux bouts de ſoixante deniers.

Pour parvenir à cette fin il faut que la fileuſe ait un baquet, dans lequel elle lavera les Chiques avec de l'eau chaude, qu'elle prendra dans ſa baſſine. Cette opération finie, elle les mettra dans ſon panier pour être filées petit à petit. Elle doit alors donner à l'eau un degré de chaleur un peu fort; il eſt néceſſaire, pour y tirer les Chiques, qu'elle blan-

chiſſe

chisse toujours un peu ; dès qu'elle sera à ce point, la *Tireuse* mettra dans la bassine cinq ou six poignées des chiques qui sont dans le panier, & après les avoir battues plus long tems que les autres Cocons, elle trempera dans l'eau de la chaudiere, toutes les estrasses, au moins neuf à dix fois, & en tirera par le haut les meilleurs brins que puissent donner ces chiques. La *Tireuse* observera de les purger de bien près, avant de les *appondre*, & de devider sur la main celles qui remplies de bouchons ébourreroient la soie : il faut filer cette qualité de quinze à seize Cocons.

Tirage des Cocons doubles ou Doupions.

Il me reste à parler de la soie des Cocons doubles, qui ne doit être filée qu'à un bout. Il faut pour cela un Tour fait exprès, la roue duquel doit avoir onze pieds de circon-férence ; & à la place du fer ou filiere qu'il y a aux autres, il faut à celui-ci deux pe-tits montans qui soutiennent chacun une bobine en travers, servant pour croiser les bouts de l'une à l'autre. Les cocons doubles étant plus forts que tous les autres, on les file aussi différemment, & voici comme on les prépare.

Dès que l'eau de la bassine commence à tié-dir, la *Tireuse* la remplit de Cocons, qu'elle remue dans le commencement avec deux espa-tules, & à mesure que le degré de chaleur de l'eau augmente peu-à-peu , la diffolution de la gomme des Cocons fe fait auffi petit à petit; quand même l'eau bouilliroit dans cette opération, cela ne fait rien : il eft même né-ceffaire qu'elle vienne peu-à-peu à ce point ; & dès que les Cocons obéiffent fous la main , ils font en état : pour en être encore mieux affuré, la *Tireufe* les bat avec une canne; & fi les brins s'y attachent fans peine , il n'eft plus douteux qu'ils font prêts à être filés. Cela fait, la *Tireufe* ne laiffera dans la baffine qu'une quantité fuffifante de Cocons , & mettra à part le reftant, pour les filer fucceffivement : elle réduira alors fon eau à un degré de chaleur modéré que fa main puiffe fupporter, & filera également de dix-huit à dix-neuf Cocons ; ce qui fait une Soie *fermette*, mais qui a bien fon mérite fi elle eft *purgée* comme il faut , & fi la *Tireufe* a foin d'en fuivre l'unité, & d'éplucher exactement les Cocons.

Tels font les principes qu'ignorent la plû-part des propriétaires des petits Tirages; quel-que portés qu'ils foient à perfectionner leur Soie, ils n'y réuffiront qu'après s'être inftruits des regles de l'art : car pour peu qu'on life avec attention ce que je viens de dire, on ne fçauroit difconvenir qu'en tirant les différentes qualités de Cocons mêlées enfemble, il eft impoffible d'en faire une Soie unie, nette & d'une par-faite beauté.

AVIS

Sur la construction d'un Logement pour élever les Vers à soie, fait à peu de frais.

LES personnes qui n'ayant pas dans leur maison assez de place pour y élever des Vers à soie, voudront faire bâtir un logement exprès pour cela, éviteront la trop grande dépense que leur occasionnent des murailles de maçonnerie, en faisant construire des murs en *Tappi*, ou *Pisay*, qui est de la terre humectée, & ensuite battue dans une caisse de bois nommée banchée.

Ces murs en pisay joignent à l'avantage d'être impénétrables aux rats, celui de ne coûter que cinquante sols la canne, ou toise, au lieu que la maçonnerie vaut communément neuf à dix livres.

Il faut pourtant toujours une demi-toise de maçonnerie sous le pisay, c'est-à-dire, qu'il faut environ deux pieds de maçonnerie pour les fondemens, & qu'elle doit s'élever d'un pied au dessus du terrein. Le haut du pisay doit aussi être couronné par huit à neuf pouces de maçonnerie Moyennant ces précautions, ces murailles sont d'une solidité étonnante.

H iij

Si l'on craint la pluie pendant que l'on construit les murs en pisay, on les couvre avec quelques tuiles.

On ne perce les portes & les fenêtres dans ces sortes de murs, qu'après que l'édifice est entiérement couvert, & on les perce un pan plus larges qu'elles ne doivent être, afin de pouvoir faire les chambranles en maçonnerie ou en plâtre.

Il faut laisser sécher le tappi pendant une année, après quoi on le racle légérement pour faire tomber la terre qui s'en est détachée, & ensuite on remplit les crevasses & les jointures des banchées avec du mortier, & on enduit les murs d'une rustique liquide.

On peut faire ce bâtiment à un étage, si l'on veut que les personnes chargées du soin d'élever les Vers à soie puissent y loger. Mais quoi qu'il en soit, cet édifice doit toujours former un quarré long, pour avoir plus de facilité à le diviser en deux appartemens par un mur de refente, au milieu duquel on placera un poële de brique qui leur communique également la chaleur. Sans cette division, la grandeur du logement le rendroit trop froid.

Ce bâtiment doit dans sa longueur être exposé au midi, & d'ailleurs être situé en un lieu qui ne soit point humide.

La porte & les fenêtres doivent aussi être du côté du midi.

F I N.

TABLE
DES MATIERES.

PREMIERE PARTIE.

SECONDE PARTIE.

TROISIEME PARTIE.

Fin de la Table des Matieres.

FAUTES A CORRIGER.

Pag. 12, *lig.* 20, tant de millions, *lisez*, tant de
milliers.

Pag. 24, *lig.* 22, d'une trefle, *lisez*, d'un trefle.

Pag. 27, *lig.* 1, fait plutôt sac, *lisez*, plutôt fait sac.

Pag. 30, *lig.* 19, l'eau ne filant, *lisez*, l'eau ne
filtrant.

Pag. 31, *lig.* 17, au long de l'allée un tiré au cordeau, *lisez*, un fossé tiré au cordeau.

Pag. 59, *lig.* 3, contre-teme, *lisez*, contre-tems.

Pag. 76, *lig.* 11, qu'ils agissent, *lisez*, qu'elles
agissent.

Pag. 92, *lig.* 1, qui sont derniers, *lisez*, qui sont
les derniers.

Pag. 97, *lig.* 19, nos maîtres dans les Tirages de
Soie, *lisez*, dans le Tirage de la Soie.

Pag. 99, *lig.* 9, elles sont retirées, *lisez*, elles
sont tirées.

www.ingramcontent.com/pod-product-compliance
Lightning Source LLC
LaVergne TN
LVHW020704200726
843508LV00002B/874